Plastische Stoffkatze

Material:
- ★ schwarzweiß gemusterte Stoffreste
- ★ Füllwatte
- ★ schwarzes Stickgarn (oder schwarzer Filzstift)
- ★ Stricknadel
- ★ Nadel, Nähgarn, Schere

Arbeitsanleitung: Schneide Kopf-, Schwanz- und Körperschablone je zweimal aus deinem Stoffrest aus. Nähe dann jeweils Kopf-, Schwanz- und Körperteile von links aneinander. Vor dem Schließen der Naht werden die Teile gewendet und prall mit Watte gefüllt. Kopf und Schwanz werden mit wenigen Stichen auf den Körper geheftet. Augen, Nase und Schnurrhaare kannst du entweder mit schwarzem Stickgarn aufsticken oder aufmalen.

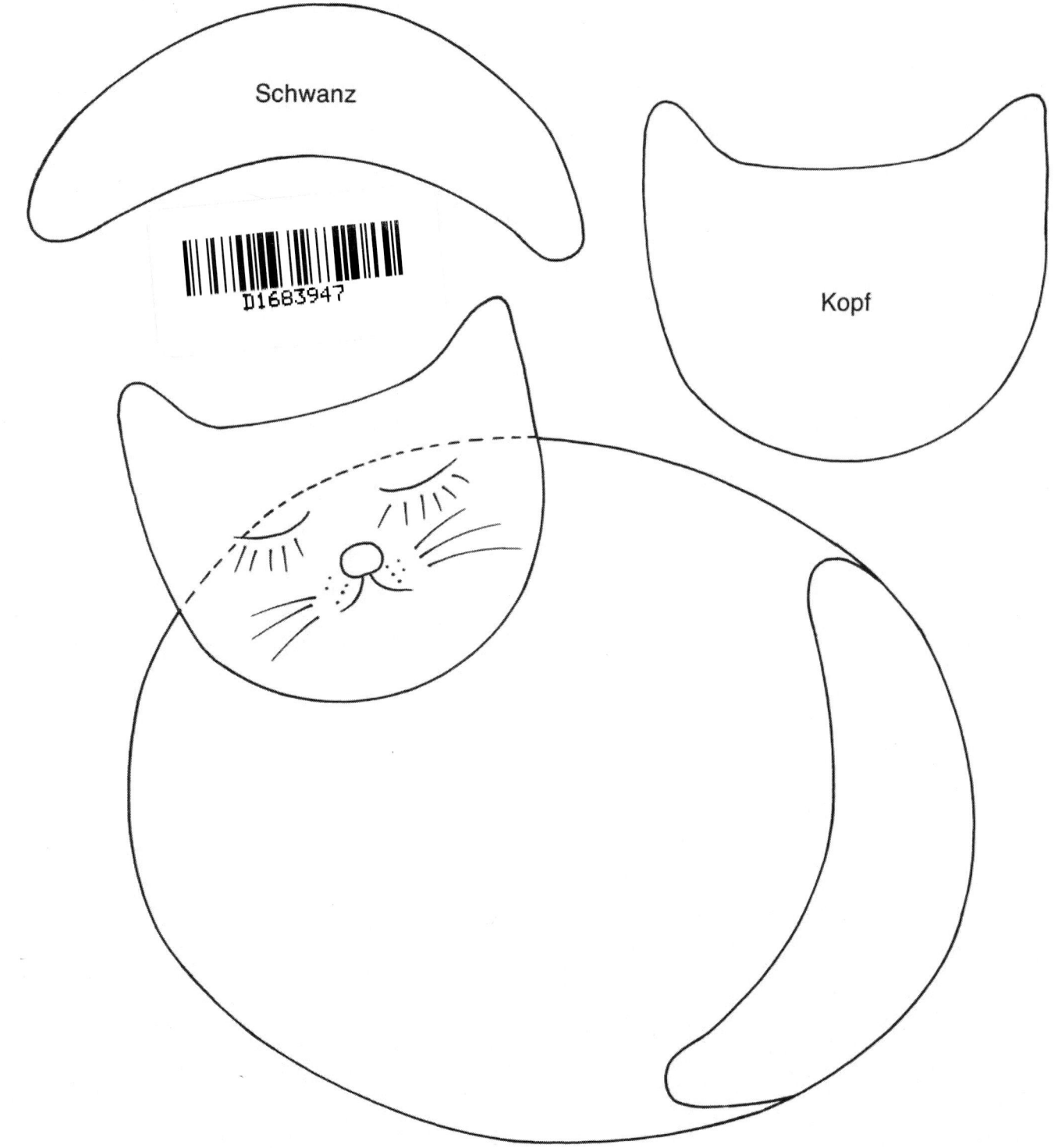

Bd. 71. Rosemarie Schmidt: Textiles Gestalten in der Sekundarstufe I
© Persen Verlag, Buxtehude

Figur „Kummerscheuche"

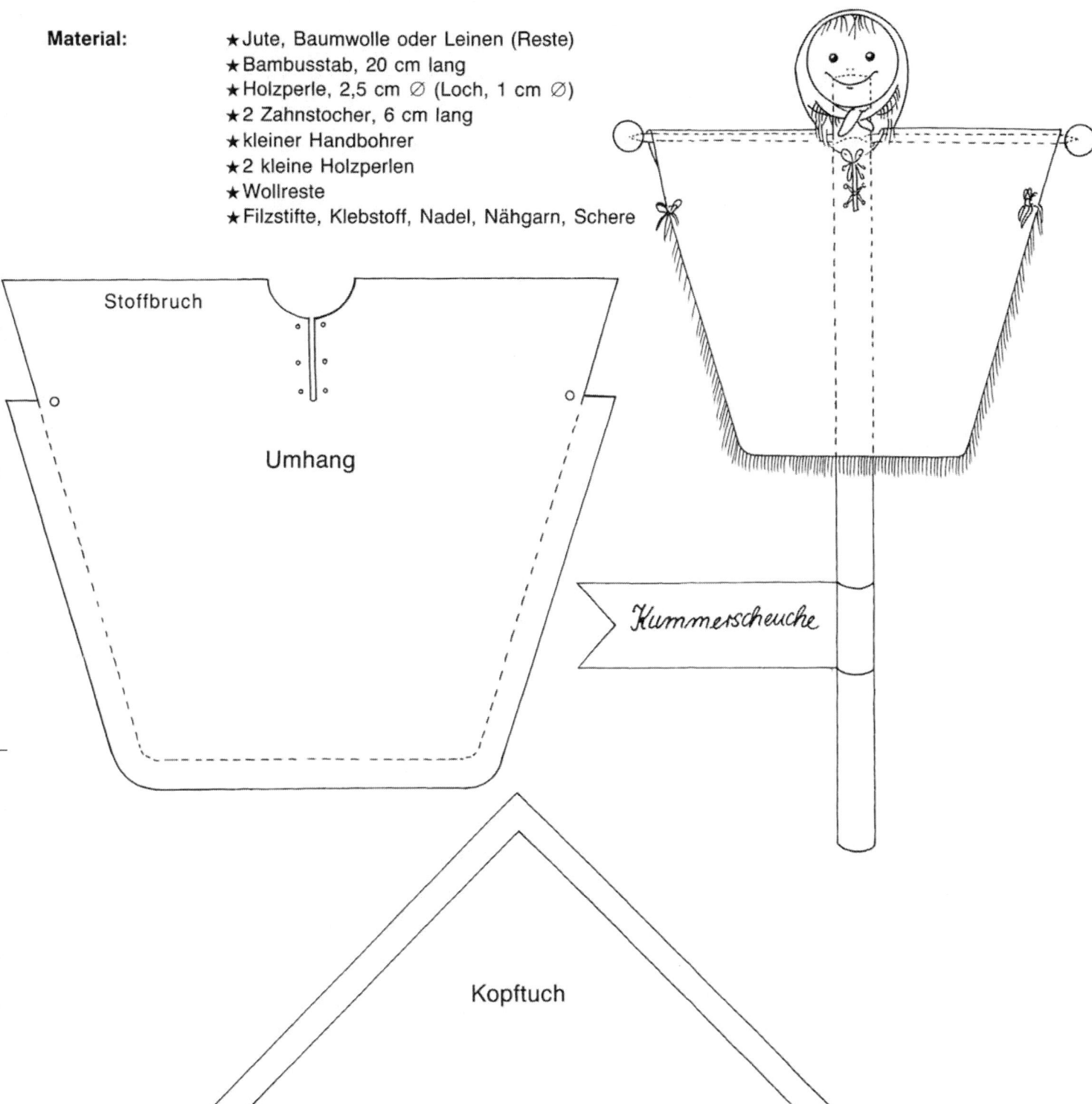

Material:
- ★ Jute, Baumwolle oder Leinen (Reste)
- ★ Bambusstab, 20 cm lang
- ★ Holzperle, 2,5 cm ⌀ (Loch, 1 cm ⌀)
- ★ 2 Zahnstocher, 6 cm lang
- ★ kleiner Handbohrer
- ★ 2 kleine Holzperlen
- ★ Wollreste
- ★ Filzstifte, Klebstoff, Nadel, Nähgarn, Schere

Arbeitsanleitung: Stecke die Holzperle auf den Bambusstab und klebe sie an. Bohre 1 cm unterhalb des Kopfes zwei gegenüberliegende Löcher in den Bambusstab, stecke jeweils einen Zahnstocher in die Löcher und klebe diesen fest. An das Ende der Zahnstocher klebst du je eine kleine Perle. Auf den großen Perlenkopf klebst du Wollreste als Haare. Das Gesicht malst du mit Filzstiften an.

Lege den Stoff für den Umhang doppelt und schneide ihn entsprechend der Schablone zu. Ziehe der Scheuche den Umhang über den Kopf. Schließe die Seiten 2 cm unterhalb der Arme mit Wollfäden. Nun franse den unteren Teil des Umhangs aus.

Schneide das Kopftuch aus und versieh die beiden kurzen Seiten mit Fransen. Setze der Scheuche das Kopftuch auf und klebe es unterhalb des Kinns fest.

Du kannst an den Bambusstab eine Papierfahne mit der Aufschrift „Kummerscheuche" kleben und die Figur in einen Blumentopf stecken.

Weihnachtsbaumschmuck „Wichtelmann"

Material:
- rote Filzreste
- 1 Holzperle, 1,5 cm ⌀
- 1 Holzperle, 2,0 cm ⌀
- Holzleim
- Filzstift, Nadel, rotes Nähgarn, Schere

Arbeitsanleitung: Schneide Mantel und Mütze aus rotem Filz aus. Klebe die beiden Holzperlen mit Holzleim aneinander, sodass der Kopf auf dem Körper sitzt.
Klebe den Filzhut an das Wichtelköpfchen, den Mantel an bzw. um den Perlenbauch. Bemale das Gesicht mit Filzstift. Nähe zum Aufhängen einen Faden an die Mütze.

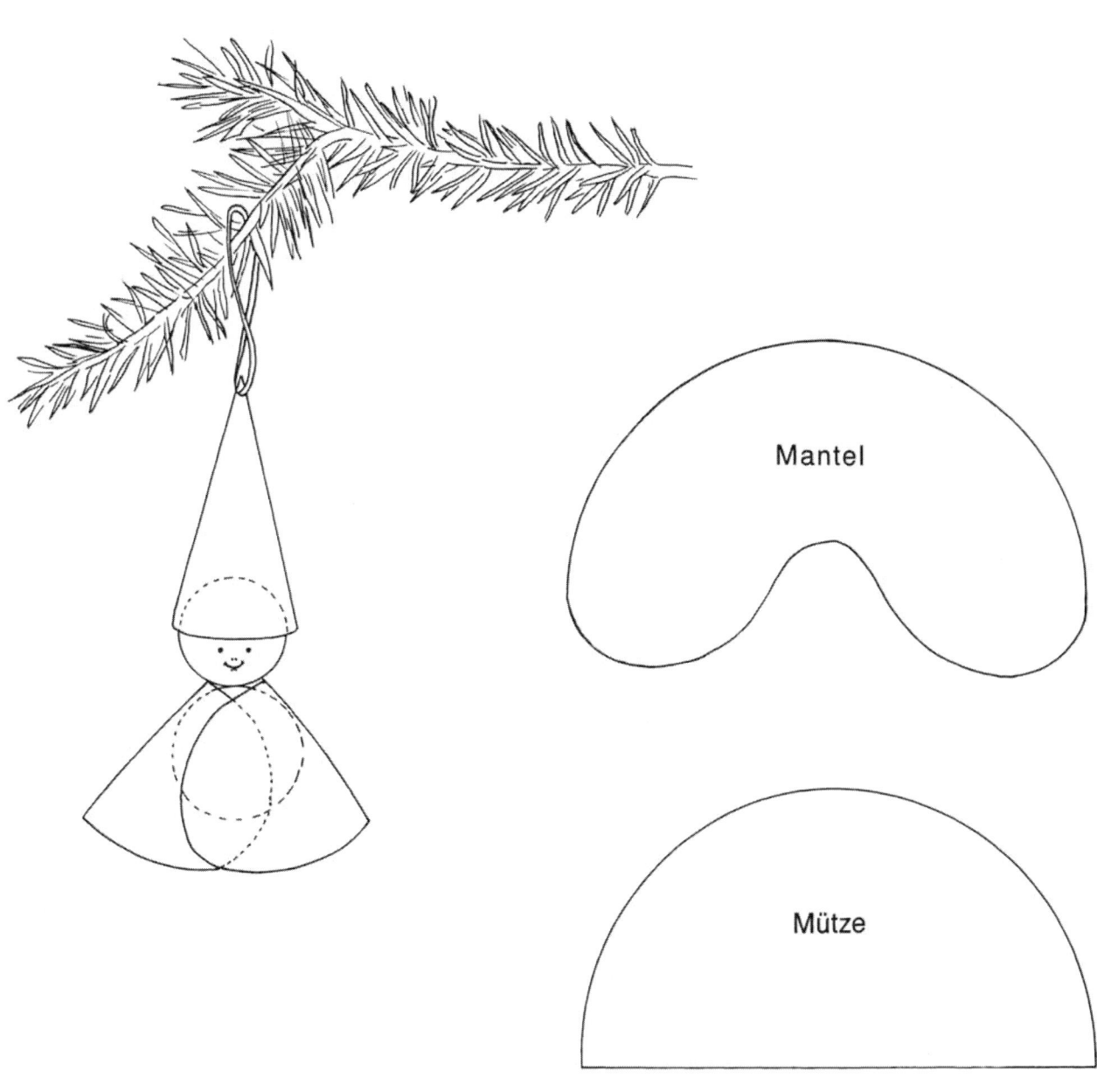

Weihnachtlich-winterliche Fensterdekorationen

Material:
- ★ weißer Filz (Leinen)
- ★ schwarzer Filz (Hut, Besen)
- ★ etwas mittelstarke Vlieseline zum Aufbügeln (für den Besen)
- ★ Füllwatte
- ★ Goldfaden zum Nähen
- ★ 4 goldene Perlen
- ★ 2 kleine schwarze Glasperlen (Augen)
- ★ 1 rote Glasperle (Nase)
- ★ Faden zum Aufhängen
- ★ Nadel, Nähgarn, Schere
- ★ Bügeleisen

Arbeitsanleitung: Schneide Glocke, Weihnachtsbaum und Schneemann (Kopf und Körper) je 2x und die Arme je 1x aus weißem Filz (Leinen) aus. Nähe jeweils die gleichen Teile mit Goldfaden aneinander, fülle jede Dekoration mit Watte und schließe die Nähte. Schneide Hut und Besen je 2x aus schwarzem Filz aus. Nähe beide Hutteile so an den Kopf, dass der Hut von vorne und hinten ganz zu sehen ist.
Verstärke das obere Besenteil mit etwas Vlieseline, lege beide Filzteile aufeinander, nähe sie zuerst zusammen und dann an Kopf und Körper fest. Nähe nun auch die Arme an.
Für das Gesicht des Schneemanns verwendest du die Glasperlen und etwas Nähgarn für den Mund. Glocke und Weihnachtsbaum werden mit den goldenen Perlen verziert.
Zum Schluss versiehst du jedes Teil mit einer Schlaufe zum Aufhängen.

Bd. 71. Rosemarie Schmidt: Textiles Gestalten in der Sekundarstufe I
© Persen Verlag, Buxtehude

Schmuckanhänger für einen weihnachtlichen Türkranz

Material:
- ★ Baumwollreste in Grün- und Rottönen
- ★ Füllwatte
- ★ Näh- oder Stickgarn (rot, grün)
- ★ Näh- oder Sticknadel, Schere
- ★ Band zum Aufhängen

Arbeitsanleitung: Aus Baumwollresten in Grün- und Rottönen lässt sich leicht eine schöne Türdekoration nähen. Schneide jede Schablone zweimal aus. Nähe die Stoffteile mit Zierstichen zusammen und fülle sie, bevor du die Naht schließt, mit Füllwatte, dann sehen sie schöner aus. An einem Faden in einen Adventskranz gehängt, zieren sie manche Tür oder manches Fenster.

Flaschenverpackung „Nikolaus"

Arbeitsanleitung: Hut und Gesicht werden aus Tonpapier und Stoff ausgeschnitten. Klebe den Stoff auf das Tonpapier. Der Bart wird aus weißem Filz zugeschnitten und aufgeklebt. Augen, Nase und Mund werden aus Filzresten ausgeschnitten und ebenfalls aufgeklebt. Das Gesicht solltest du unter den Hut kleben. Nun werden die geraden Seiten der Hutschablone entlang der gestrichelten Linie übereinandergeklebt. Aufgesetzt auf einen Flaschenhals entsteht ein persönliches Geschenk.

Material:
- ★ Tonpapier
- ★ Baumwollstoffreste (gemustert — Hut, uni — Gesicht)
- ★ weißer Filz
- ★ Filzreste (braun, rot)
- ★ Klebstoff, Schere

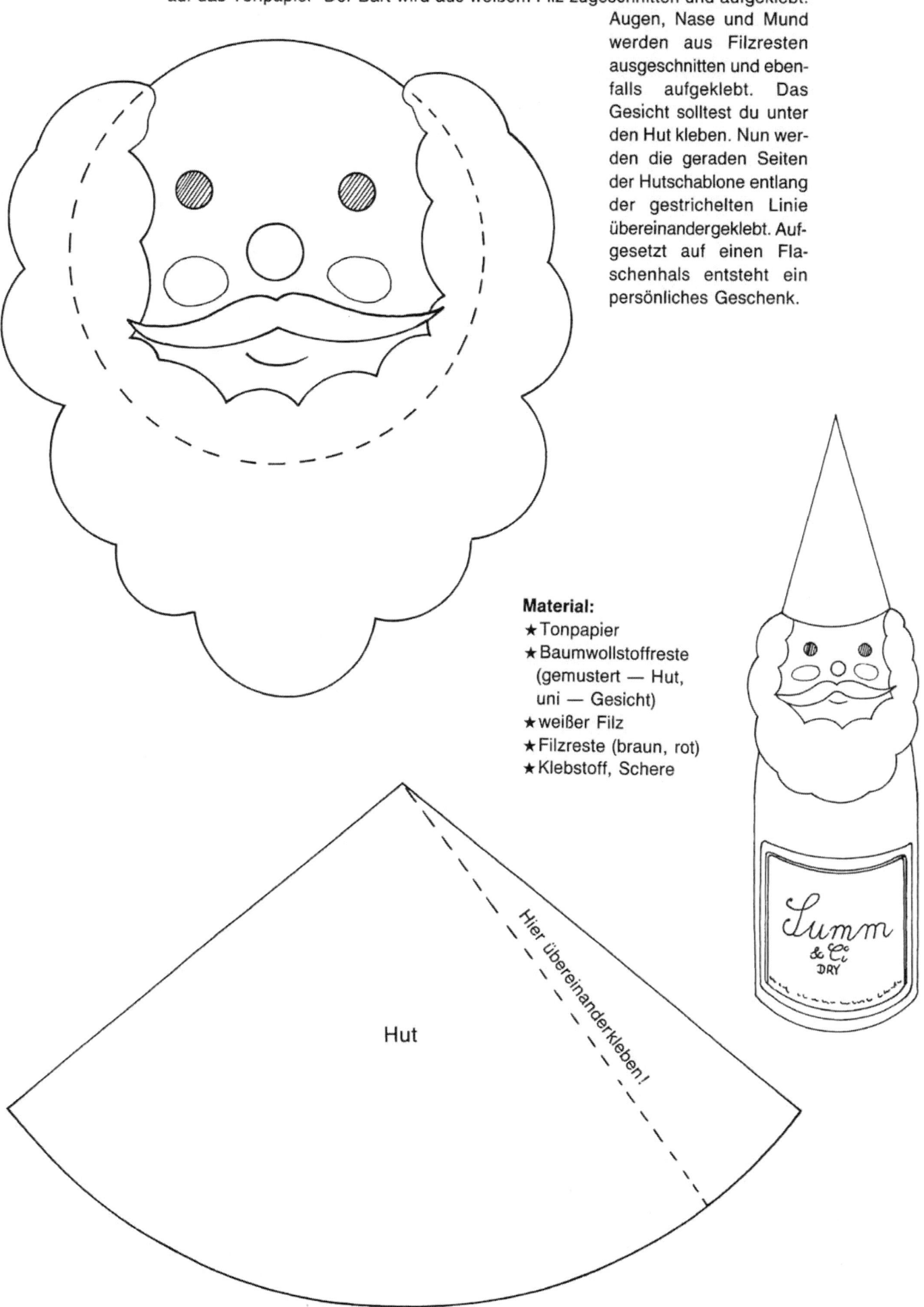

Hier übereinanderkleben!

Hut

„Krimskrams"-Behälter

Material:
- ★ Fotokarton
- ★ Stoffrest (z.B. Jeansstoff, Baumwolle)
- ★ Klebstoff, Nadel, Nähgarn, Schere

Arbeitsanleitung: Schneide die „Schuhsohle" jeweils aus Fotokarton und aus Stoff zu und klebe beide Teile aufeinander. Schneide das Oberteil an der durchgehenden Linie entlang ohne Zacken aus Fotokarton aus. Schneide das gesamte Oberteil (mit Zacken) aus Stoff aus und klebe es auf den Fotokarton. Die punktierten Zacken des Oberteils werden auf die Unterseite geklebt und festgenäht. Anschließend werden Oberteil und „Schuhsohle" so miteinander verbunden, dass die überstehenden Zacken des Oberteils an die Unterseite der „Schuhsohle" geklebt werden. Zum Schluss steppe entlang der gestrichelten Linie.

In dem Behälter können Stifte, Schere ... aufbewahrt werden.

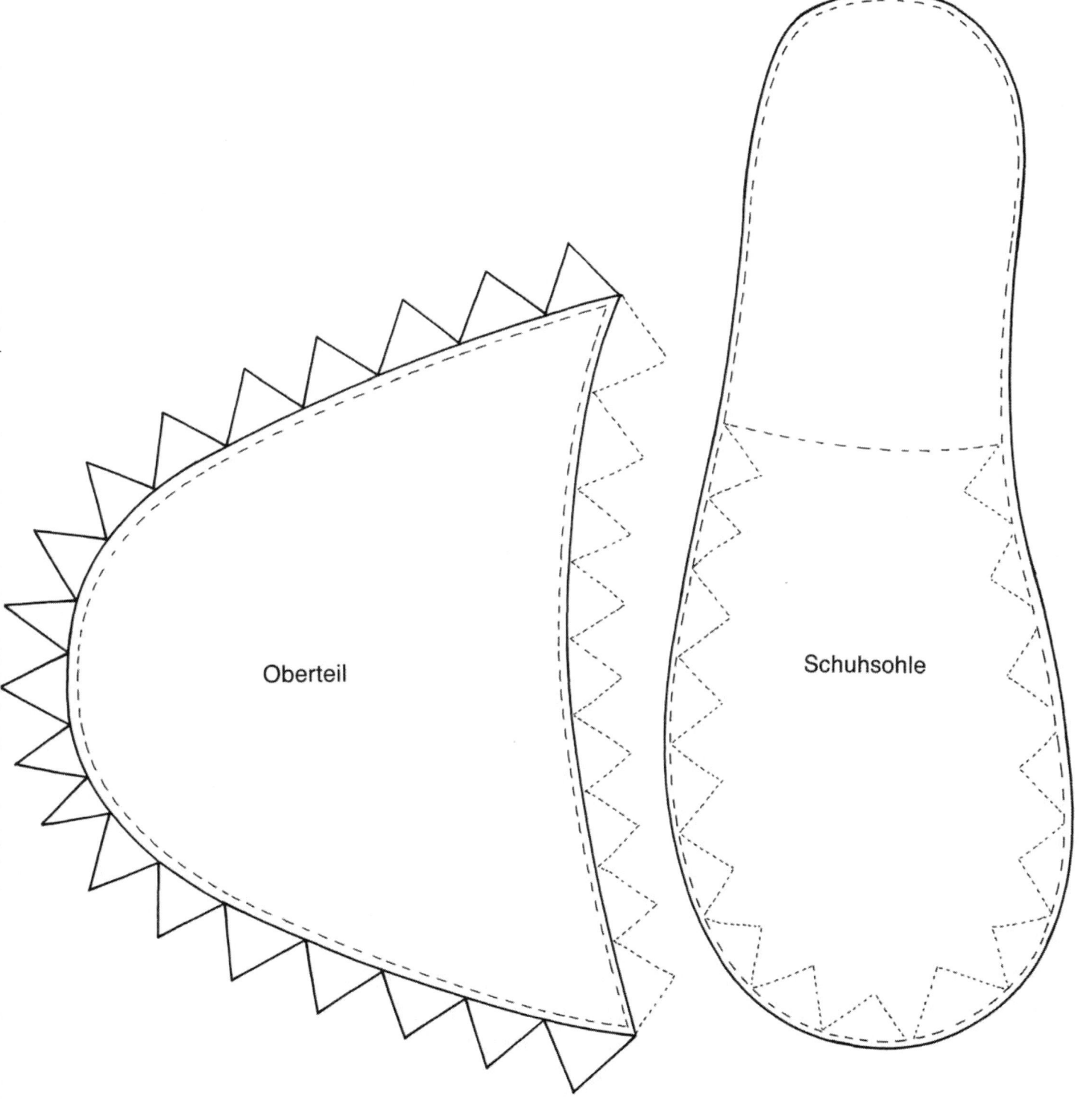

Stoffbild „Veilchen im Blumentopf"

Material:
- Filzreste in violett (hell und dunkel), grün (hell und dunkel) und gelb
- Jute-, Rupfen- oder Leinenrest
- Stoffreste (uni) zum Bekleben der Unterlage
- Klebstoff, Nadel, Nähgarn, Schere
- Bilderrahmen, ca. 20 x 15 cm

Arbeitsanleitung: Schneide Veilchenblüten und Blätter aus hell- und dunkelviolettem und hell- und dunkelgrünem Filz zu. Das Innere der Blüten sollte aus kleinen gelben Filzresten bestehen. Den Blumentopf kannst du aus Jute, Rupfen oder grobem Leinen zuschneiden. Klebe die einzelnen Teile auf eine mit Stoff beklebte Unterlage auf oder nähe die Teile darauf fest.

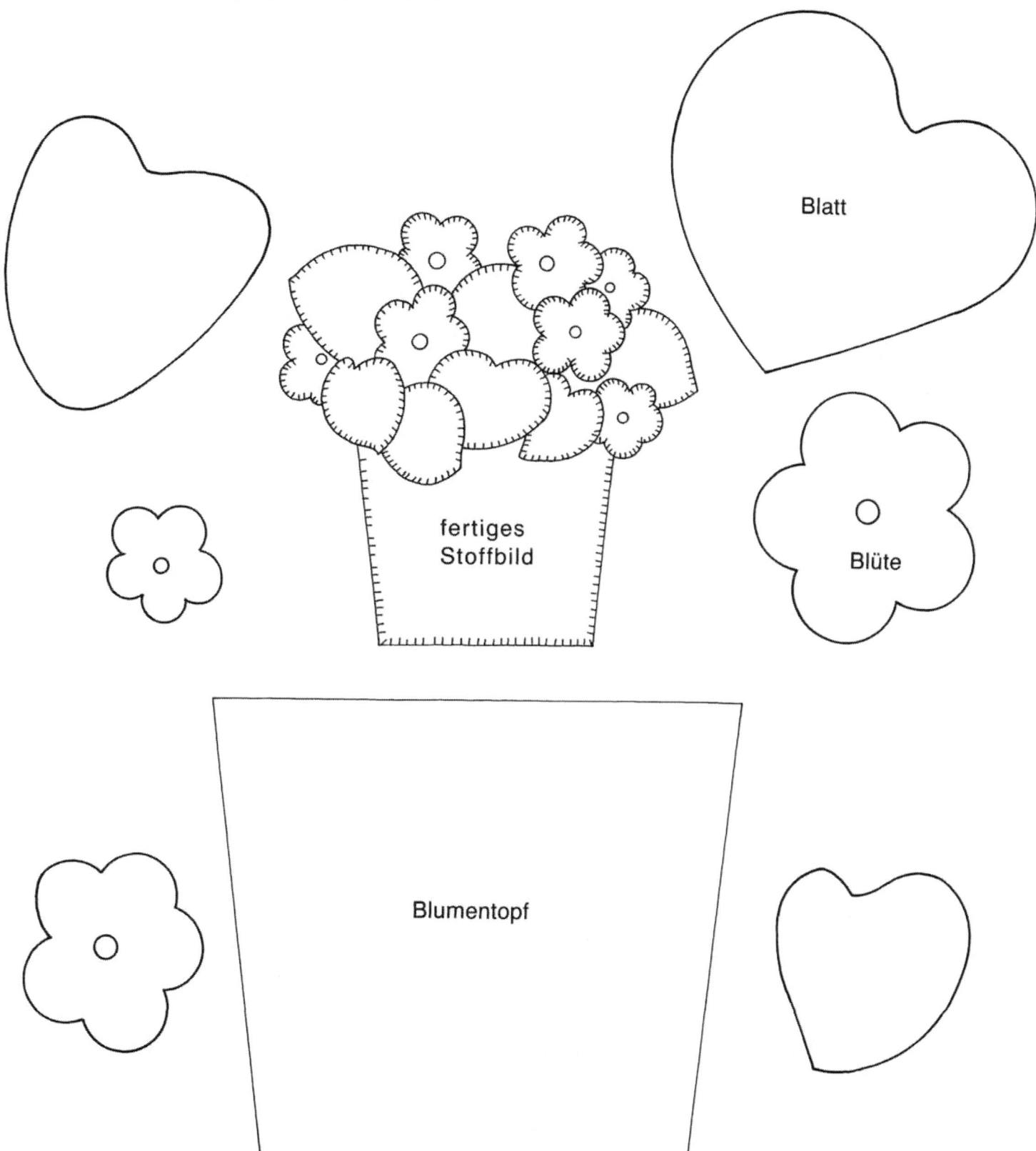

Bd. 71. Rosemarie Schmidt: Textiles Gestalten in der Sekundarstufe I
© Persen Verlag, Buxtehude

T-Shirt-Applikation „Küken"

Arbeitsanleitung: Dieses „Küken" wird aus jedem einfarbigen T-Shirt bzw. Top einen Hit machen. Schneide Hut, Kopf, Körper, Füße, Flügel, Schwanz, Kragen und Schürze aus und nähe diese auf dein T-Shirt oder Top. Knöpfe, Perlen und Pailletten zieren Kopf, Kragen und Hut. 2 Knöpfe werden zu Augen, ein aus Filz zugeschnittenes Teil wird zum Schnabel.

Material:
- ★ einfarbiges T-Shirt bzw. Top
- ★ Baumwollstoffreste
- ★ 2 Knöpfe (Augen)
- ★ Perlen (für den Hut)
- ★ Pailletten
- ★ Stickgarn, -nadel
- ★ roter Filz (Schnabel)
- ★ Nadel, Nähgarn, Schere

Plastisches Rupfenhuhn

Material:
- ★ Rupfen bzw. Jute (Reste)
- ★ roter Filz
- ★ 2 Glasperlen
- ★ Füllwatte
- ★ Nadel, Nähgarn, Schere

Arbeitsanleitung: Schneide das Hühnchen aus Rupfen zu: 2x den Körper und 1x den Boden. Schnabel, Kamm und zwei Kinnlappen werden aus rotem Filz zugeschnitten. Die beiden Körperteile werden mit dem Boden von links zusammengenäht. Schnabel, Kamm und Kinnlappen müssen bei dem Zusammennähen der Körperteile mit eingefasst werden. Das Huhn wird nach dem Wenden mit Watte gefüllt. Eine Glasperle wird als Auge aufgenäht. Die Schwanzfedern entstehen, indem du die beiden Körperteile an der gestrichelten Linie zusammennähst und den überstehenden Stoff in gleichen Abständen einschneidest.

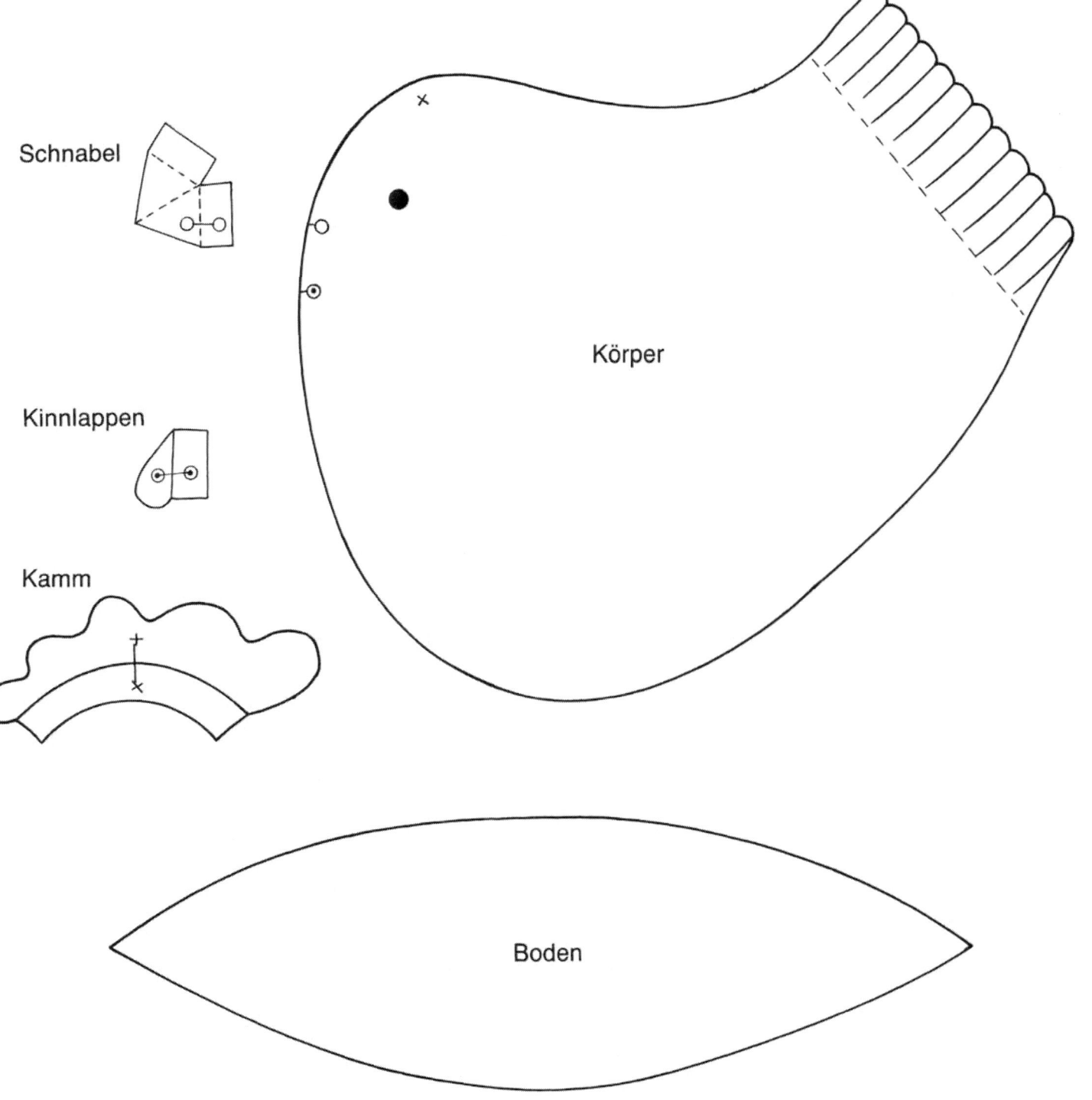

Marmeladenhaube

Material:
- karierter Baumwollstoffrest in blauweiß oder rotweiß
- Stickgarn, -nadel
- Nadel, Schere
- evtl. Nähmaschine

Arbeitsanleitung:
Schneide aus Stoff diesen Marmeladenstoffdeckel zu. Damit der Stoffrand nicht ausfranst, kannst du ihn mit einem Zierstich umsäumen. Besticke die Haube im Kreuzstich mit einem dem Inhalt des Glases entsprechenden Motiv.

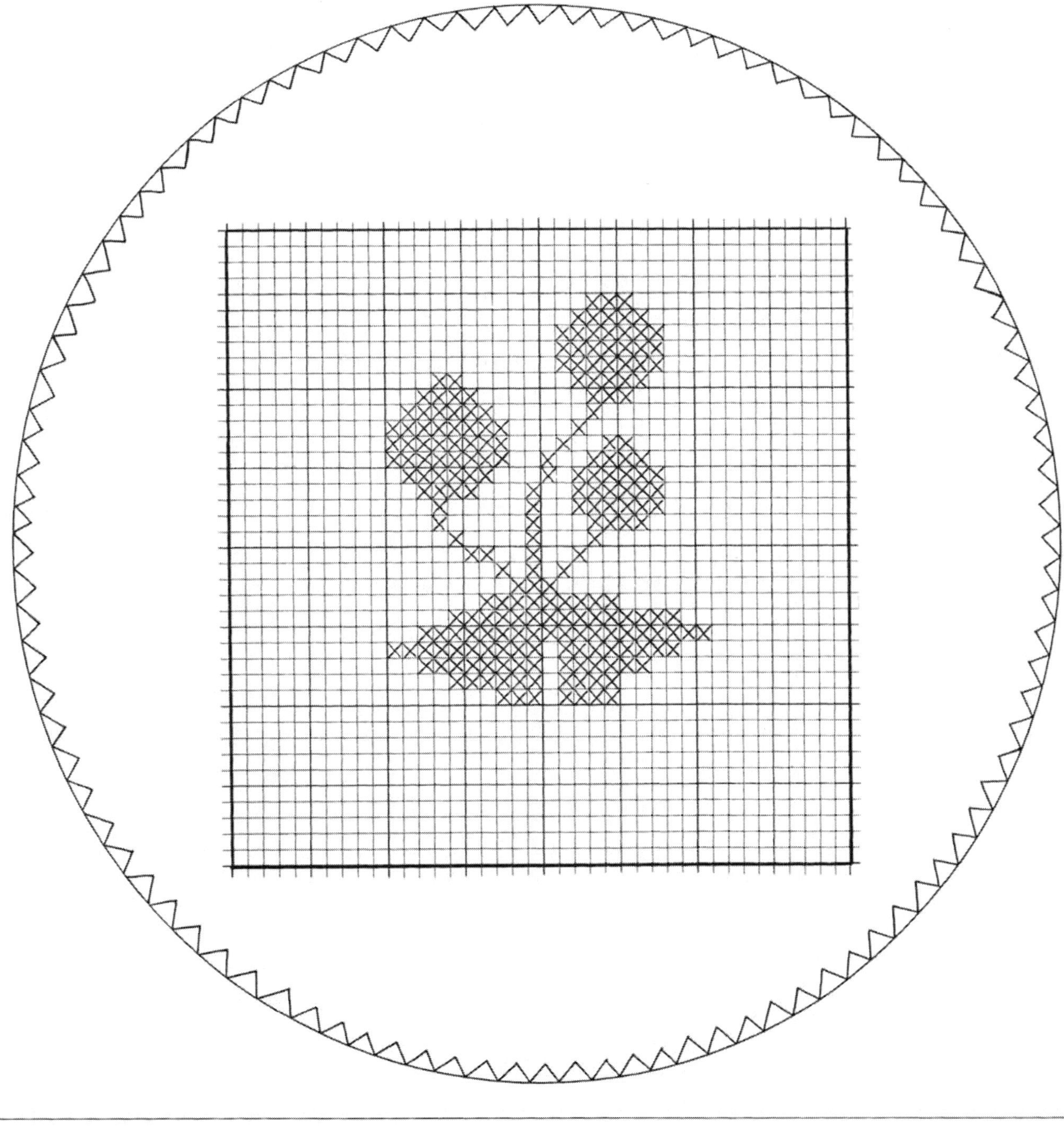

Plastische Weihnachtssterne aus Glanzstoffen

Material:
- Damast- und Satinreste
- Füllwatte
- silbernes Näh- und Stickgarn
- silberne Pailletten
- Nadel, Nähgarn, Schere

Arbeitsanleitung:
Viele solcher Weihnachtssterne aus Damast- und Satinresten schmücken in der Weihnachtszeit dein Zimmerfenster. Je mehr, desto schöner sieht es aus. Mit silbernem Garn genäht, glänzen und funkeln sie sogar. Jede Schablone sollte 2x ausgeschnitten und von links aneinandergenäht, später dann gewendet werden. Gefüllt werden die Sterne mit Watte, zum Funkeln gebracht mit aufgenähten Pailletten.

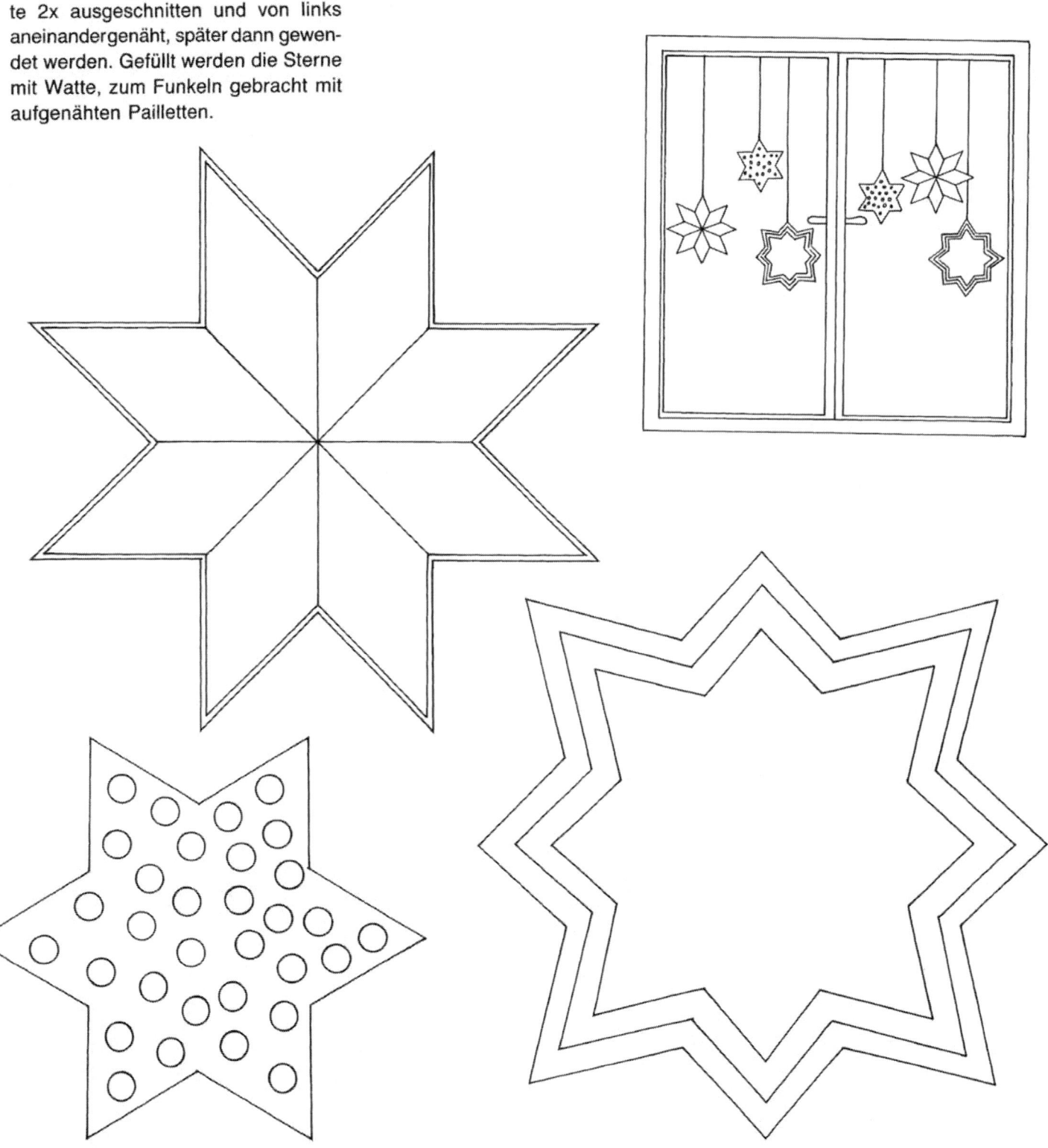

Bd. 71. Rosemarie Schmidt: Textiles Gestalten in der Sekundarstufe I
© Persen Verlag, Buxtehude

Weihnachtsbaumschmuck

Material:
- ★ Halbleinenreste (uni)
- ★ Perlgarn (weiß, rot, grün, schwarz)
- ★ Kordel, 1 m lang
- ★ Nadel, Nähgarn, Schere

Arbeitsanleitung: Schneide die Glocken- und Beutelschablone je 2x mit Naht- und Saumzugabe (s.u.) aus Stoff aus. Besticke die rechten Stoffseiten jeweils mit einem Weihnachtsmotiv im Kreuzstich und nähe die beiden Teile von links zusammen. Versieh anschließend die Beutelöffnung mit einem 3 cm breiten Saum und steppe entlang der gestrichelten Linien. Schneide eine kleine Öffnung in den so entstandenen Tunnel und umsäume sie. Auf diese Weise lässt sich durch den Beutel eine Kordel ziehen und er kann später zugebunden und an den Weihnachtsbaum oder ein Geschenkpäckchen gehängt werden. Versieh die Glocke ebenfalls mit einer Kordel zum Aufhängen.

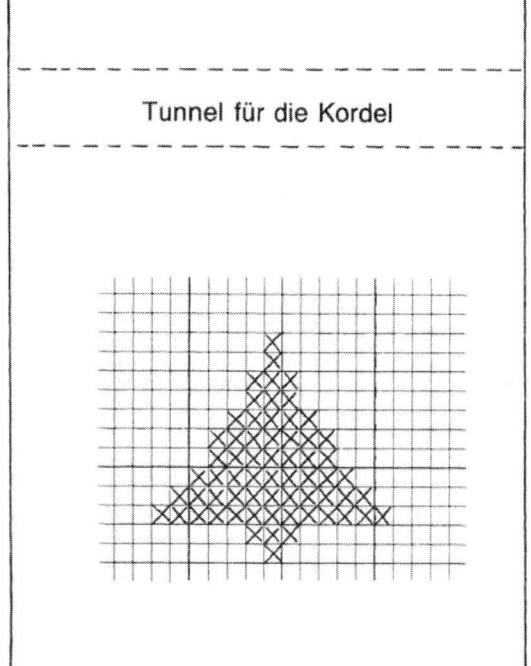
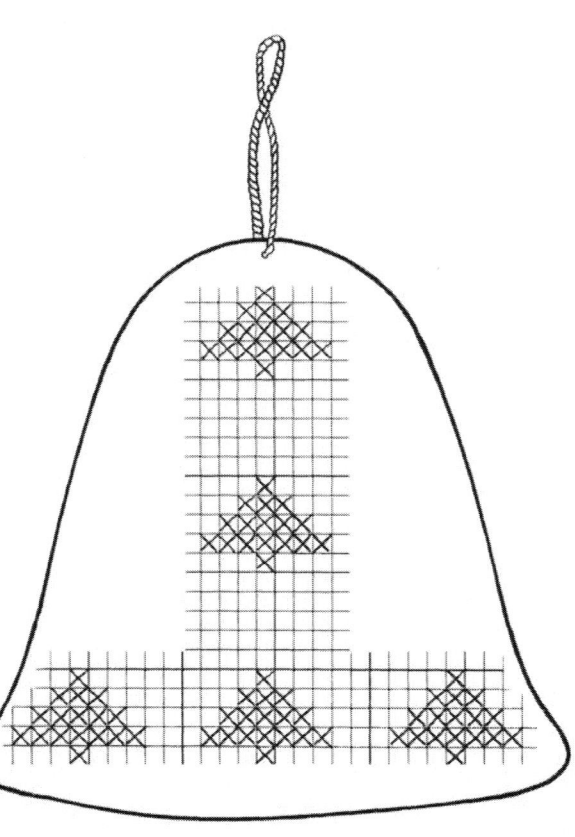
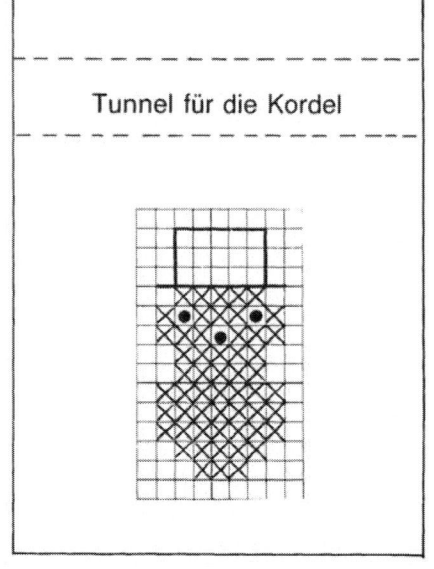

Weihnachtliches Tischband (Teil 1) 14a

Material:
- ★ Tischband aus Leinen, Halbleinen oder Damast, 8 cm breit (+ 2 cm Nahtzugabe)
- ★ Filz- oder Baumwollstoffreste
- ★ Sticktwist (Docht, Pferdemähne, Augen)
- ★ Näh- und Sticknadel, Nähgarn, Schere

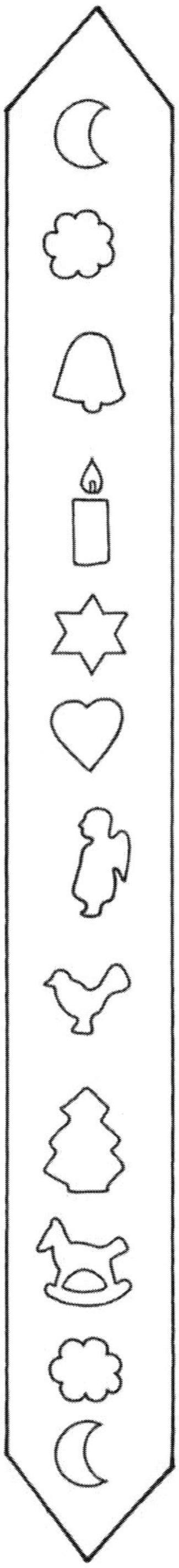

Arbeitsanleitung:
Schneide ein Tischband 2x zu. Die Länge bestimmst du. Schneide die Schablonen aus Filz oder gemustertem Stoff aus und nähe sie auf die rechte Seite eines der Stoffteile. Nähe beide Teile von links zusammen, wende sie und schließe die Naht.

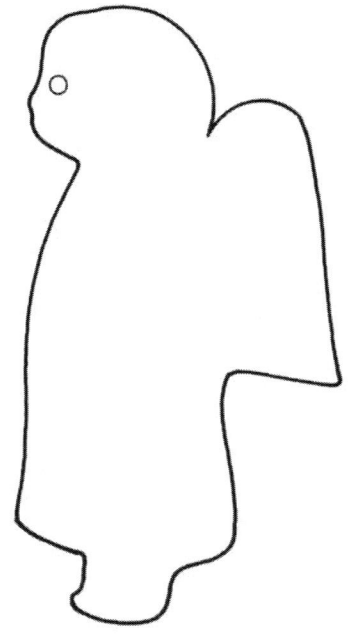

Weihnachtliches Tischband (Teil 2) 14b

Bd. 71. Rosemarie Schmidt: Textiles Gestalten in der Sekundarstufe I
© Persen Verlag, Buxtehude

Stofflesezeichen

Material:
- ★ Borte, 24 x 2 cm
- ★ Baumwollstoffreste oder/und Filzreste
- ★ evtl. mittelstarke Vlieseline zum Aufbügeln
- ★ Nadel, Nähgarn, Schere
- ★ Bügeleisen

Arbeitsanleitung:
Aus kleinsten Stoffresten entsteht dieses kleine Buchfräulein. Alle Schablonen werden ausgeschnitten. Körper, Kopf, Hand, Zopfspange je 2x, der Arm 4x, die Haare, die kleine Tasche je 1x. Eventuell können die Teile vor dem Zusammennähen noch mit Vlieseline verstärkt werden. Alle Teile werden mit kleinsten Stichen aneinandergenäht. Zwischen den beiden Kopfteilen wird eine Baumwollborte (Länge 20 cm) mit kleinen Stichen eingefasst. Die Füße werden unten zwischen den Körperteilen eingefasst. Das Gesicht kann gestickt oder gemalt werden. Fertig ist das kleine Lesezeichen.

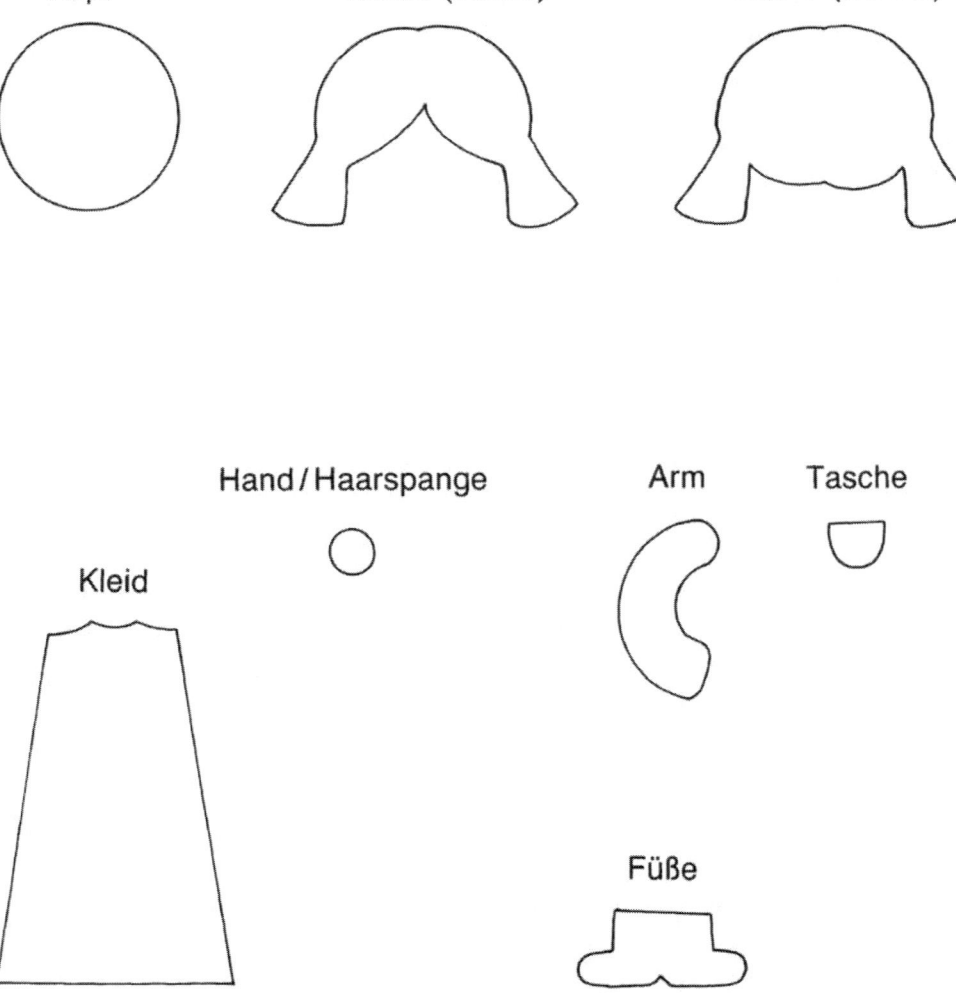
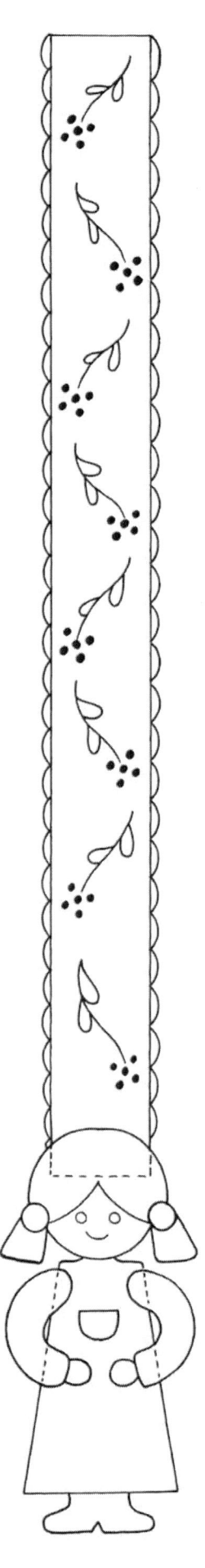

Bd. 71. Rosemarie Schmidt: Textiles Gestalten in der Sekundarstufe I
© Persen Verlag, Buxtehude

T-Shirt-Applikation „Gesichter"

Material:
- ★ T-Shirt
- ★ Baumwollstoffreste
- ★ Kordeln
- ★ Pailletten, Perlen, Knöpfe
- ★ Wolle, Stickgarn, -nadel
- ★ Nadel, Nähgarn, Schere

Arbeitsanleitung: Das wäre doch gelacht, wenn nicht auch alte T-Shirts wieder „aufgepeppt" werden könnten. Diese lustigen Gesichter entstehen aus alten Stoffresten von Baumwollhemden und werden auf T-Shirts genäht. Mit Kordeln, Pailletten, Knöpfen und Wolle für die Haare lassen sich die Gesichter verzieren.

Plastisches Bild „Baum im Winter"

Material:
- ★ Seide, Satin oder Leinen, in grau und weiß, 50 x 90 cm
- ★ Jute oder grobes Leinen, ca. 65 x 70 cm
- ★ Füllwatte
- ★ Nadel, Nähgarn (weiß, grau), Schere
- ★ Nähmaschine
- ★ Holzrahmen (der Bildgröße entsprechend)

Arbeitsanleitung:
Für diese Arbeit brauchst du viele Stoffreste in Weißgrautönen. Lege die Schablone des Blattes auf deinen jeweiligen Stoff (Seide, Satin, Leinen . . .) und schneide diese 2x aus. Nähe je 2 Blätter zusammen und fülle sie vor dem Schließen mit etwas Watte. Viele so aneinandergereihte Blätter ergeben einen ausdrucksstarken „Baum im Winter". Aufgenäht werden die Blätter auf Jute oder grobes Leinen. Anschließend kann das Bild auf einen entsprechend großen Holzrahmen gespannt werden.

Einen herrlichen Kontrast bietet der „Baum im Frühling", genäht und gestaltet in verschiedenen Grüntönen. Auch diese Blätter sollten auf Jute bzw. grobes Leinen aufgenäht werden.

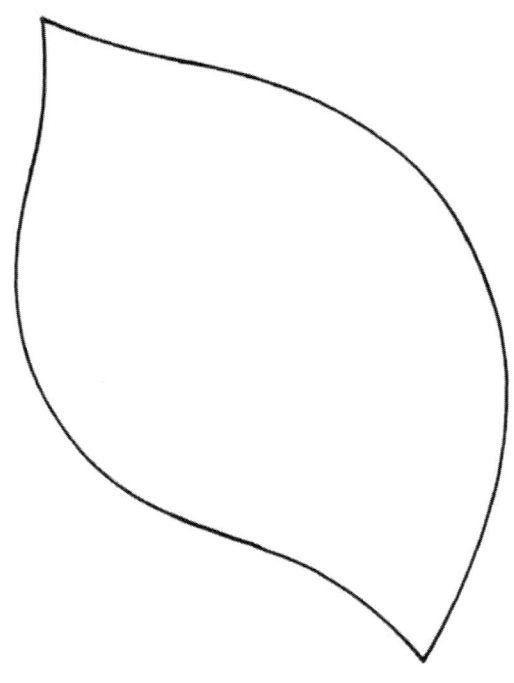

Set aus Jeansstoff

Material:
- ★ Jeansstoff, 36 x 42 cm
- ★ Nähgarn (rot)
- ★ Sticktwist (rot)
- ★ Näh- bzw. Sticknadel
- ★ Schere
- ★ evtl. Nähmaschine

Arbeitsanleitung: Dein fertig genähter Set ist ohne Saumzugabe 27 cm x 40 cm groß. Rot gesteppt wirkt der Set besonders schön. Eine kleine zusätzlich aufgenähte Tasche sorgt dafür, dass deine Serviette Platz hat.
Wenn du gerne stickst, kann ein Kreuzstich deinen Set wirkungsvoll zieren.
Der Set kann mit der Hand bzw. mit der Maschine sauber eingefasst werden.

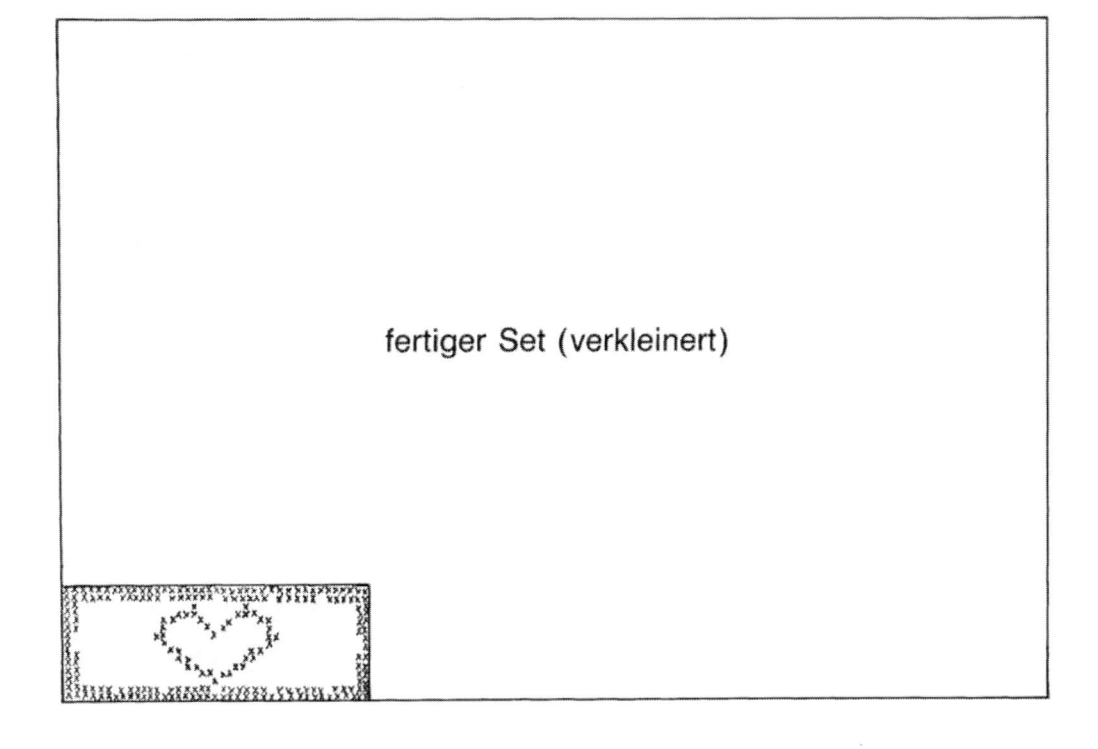

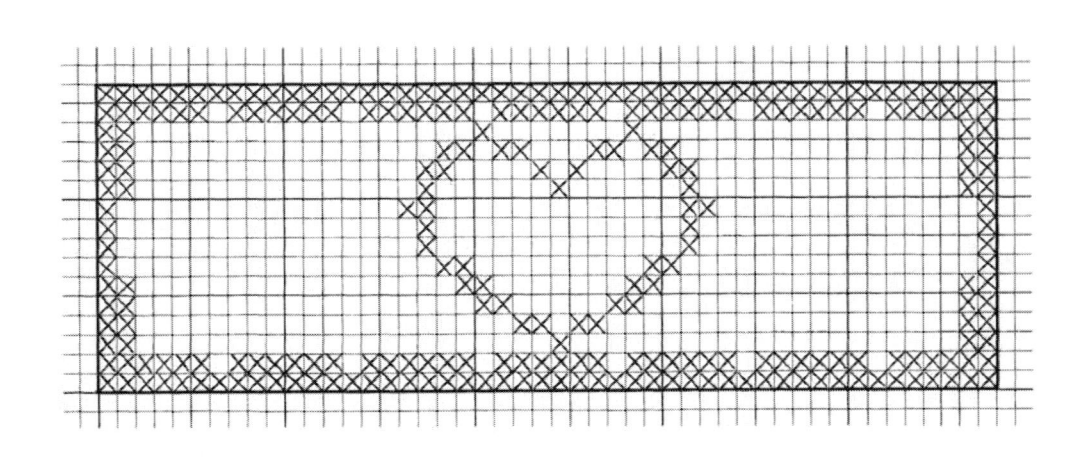

fertiger Set (verkleinert)

☞ Beispiele für Zahlen und Buchstaben in Kreuz- bzw. Stielstich sind auf den Arbeitsblättern 39 — 41 zu finden.

Igel-Nadelkissen

Material:
- Filz- bzw. Samtrest (braun)
- Füllwatte
- Filzreste (schwarz)
- Stecknadeln mit bunten Köpfen
- Nadel, Nähgarn, Schere

Arbeitsanleitung: Aus Filz oder Samt entsteht dieser kleine Igel. Schneide den Boden 1x und das Rückenteil 2x aus. Die Rückenteile nähst du von links aneinander, an der Bauchlinie befestigst du den Boden und wendest das Arbeitsstück. Vor dem Schließen der Naht wird das Tier prall mit Watte gefüllt. Augen und Nase kannst du aus Filzresten aufkleben oder annähen. Zuletzt spickst du den kleinen Igel mit lauter bunten Stecknadeln.

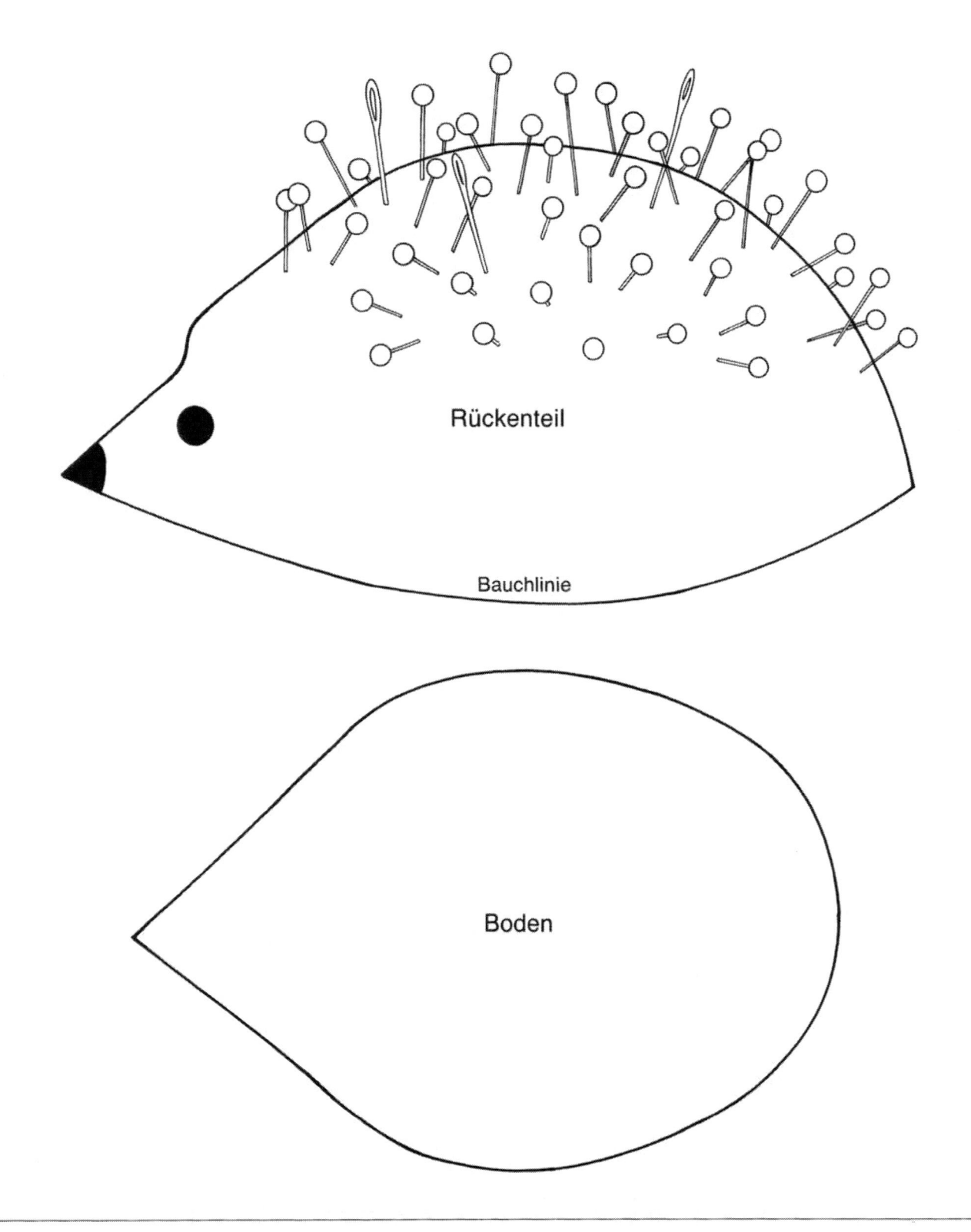

Rückenteil

Bauchlinie

Boden

Geburtstagsglücksbringer 20

Material:
- grüner Filz bzw. Baumwollstoff, 10 x 50 cm
- Füllwatte
- Filzreste (rot und schwarz)
- Perlgarn (schwarz)
- Kordel, 20 cm
- Nähgarn (grün und rot)
- Näh- und Sticknadel, Schere

Arbeitsanleitung:
Schneide aus grünem Filz oder Stoff die Herzschablone je 2x aus. Nähe die Teile von links aneinander und wende sie. Vor dem Zusammennähen werden sie mit Watte gefüllt.
Schneide den Käfer 1x aus rotem Filz aus. Unterlege ihn beim Aufnähen auf das Herz mit etwas Watte, damit er erhabener wirkt. Beine, Fühler und Punkte kannst du aufmalen, aufsticken oder aufkleben.
Mehrere Herzen nebst Glückskäfern werden mit einer Kordel zu einer Kette verbunden und an einer Schlaufe aufgehängt.

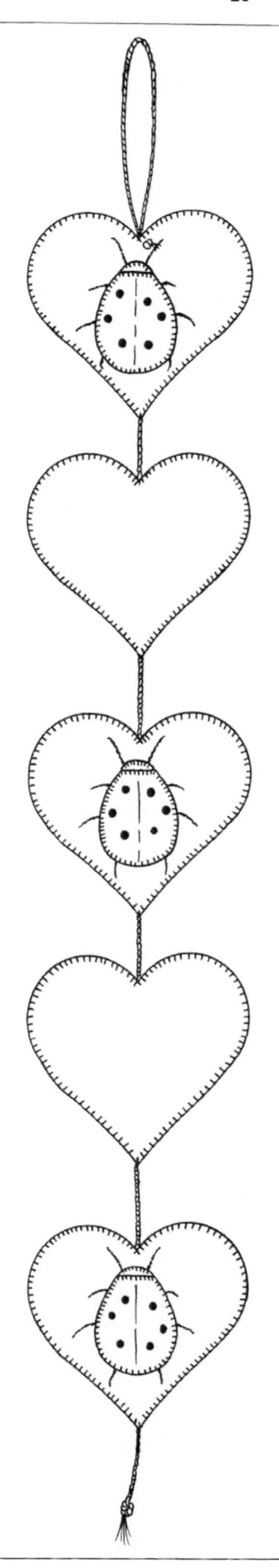

Käferkopf

Käferkörper

Bd. 71. Rosemarie Schmidt: Textiles Gestalten in der Sekundarstufe I
© Persen Verlag, Buxtehude

Fäustlinge — mit Teddystoff gefüttert

Arbeitsanleitung: Schneide den Fäustling aus dem wattierten Stoff und dem Teddystoff je 2x aus. Das Strickbündchen wird zwischen die beiden Stoffe genäht. Teddystoff und wattierter Stoff werden jeweils mit der Maschine zusammengenäht und schließlich aneinandergenäht.

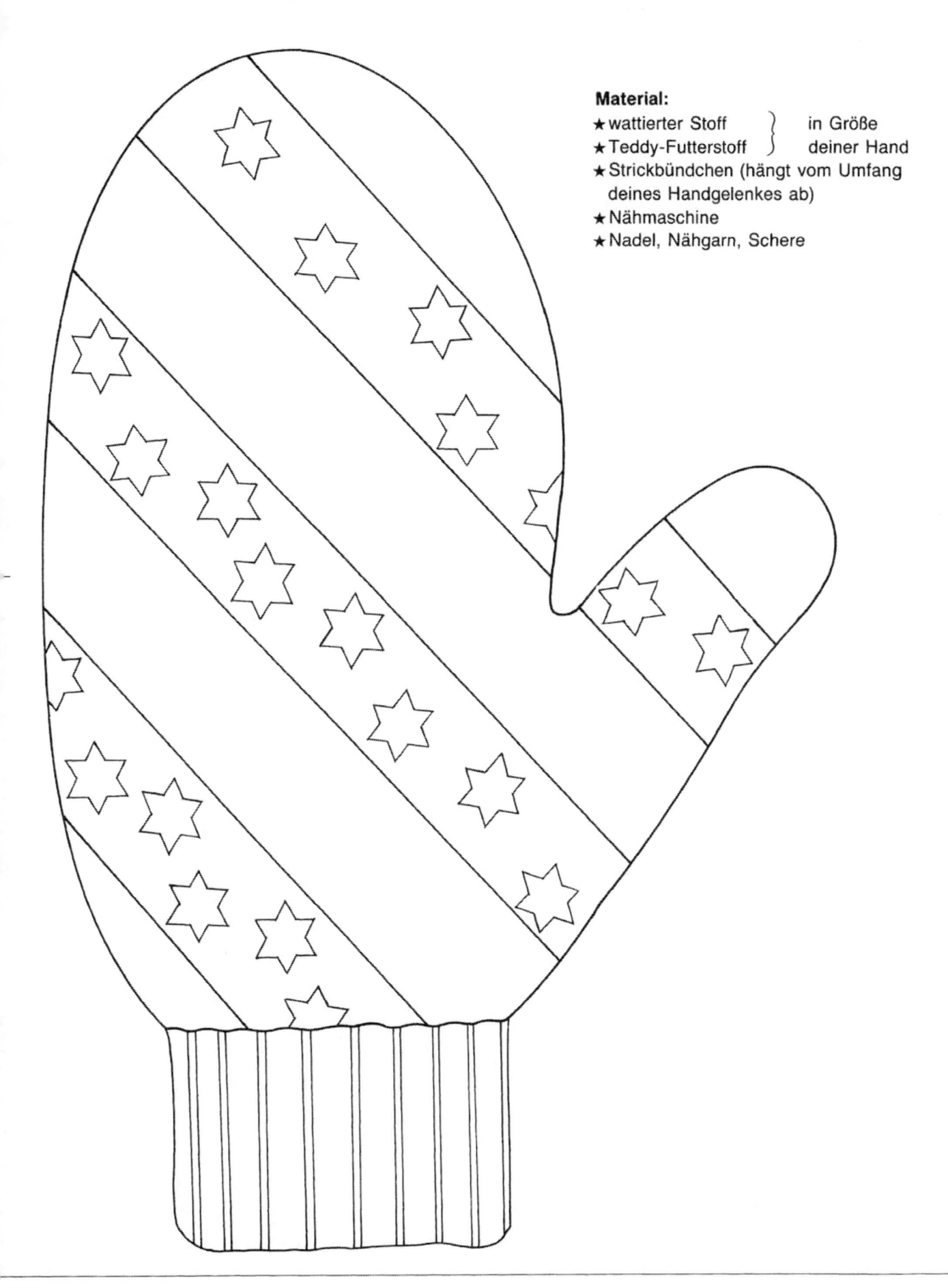

Material:
- ★ wattierter Stoff ⎫ in Größe
- ★ Teddy-Futterstoff ⎭ deiner Hand
- ★ Strickbündchen (hängt vom Umfang deines Handgelenkes ab)
- ★ Nähmaschine
- ★ Nadel, Nähgarn, Schere

Lederbörsenmaus

Material:
- Lederreste
- 4 m Lederbändchen
- 1 Jeanshosendruckknopf
- Lederlochzange
- Filzstift
- Schere

Arbeitsanleitung:

Schneide aus Leder 1x das gesamte Unterteil (einschließlich Kopf) und 1x das Oberteil sowie 2x die Ohren aus. Stanze dann mit einer Lederlochzange Löcher sowohl am Rand des Unter- und Oberteils als auch am markierten Rand des Ohres entlang.

Unterteil und Oberteil werden mit einem Lederband zusammengenäht. Anfang und Ende des Lederbändchens werden verknotet.

In Höhe der Ohren werden in den Mäusekopf wieder Löcher gestanzt. Ohren und Kopf werden „aneinandergenäht".

Mit einem Druckknopf (Jeanshose) wird die Geldbörse in Höhe der Mäusenase geschlossen. Die Augen können mit Filzstift aufgemalt werden.

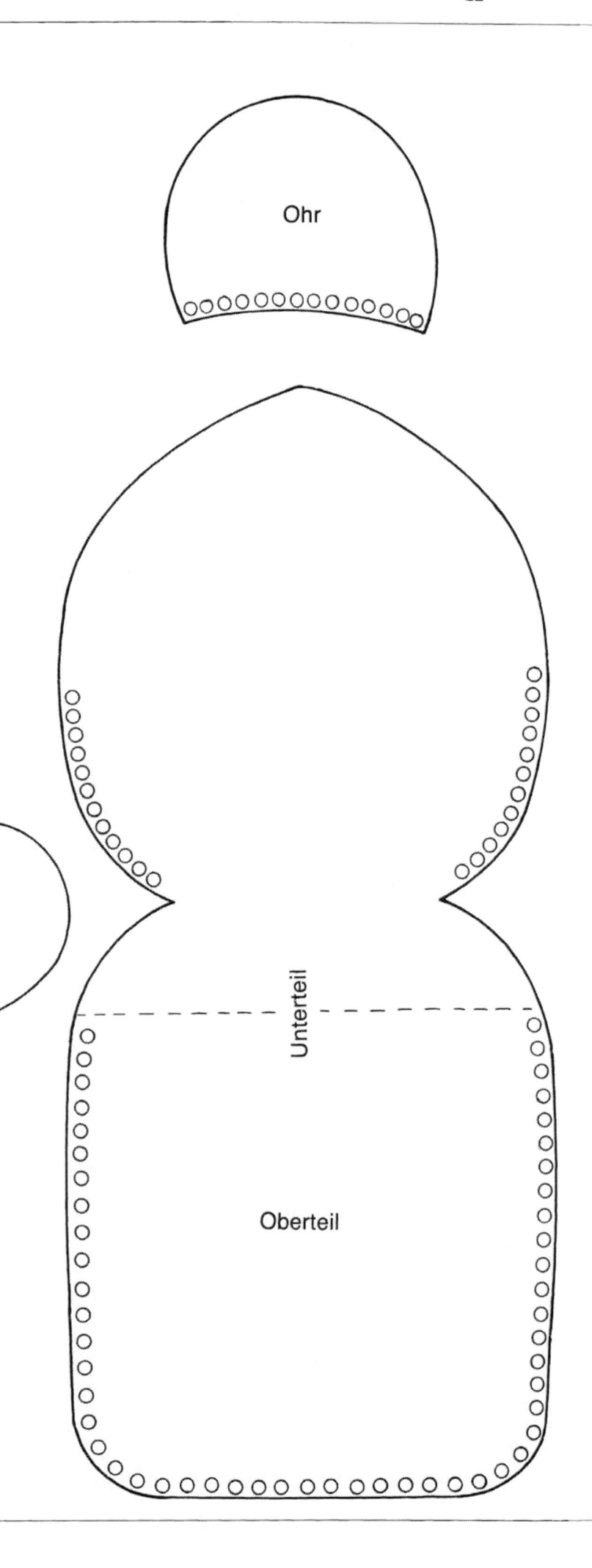

Herzenkette

Material:
- ★ Baumwollstoffreste, evtl. Trachtenstoff (farblich aufeinander abgestimmt)
- ★ Kordel, 2 m lang, farblich zum Stoff passend
- ★ Füllwatte
- ★ 14 mittelgroße Holzperlen
- ★ 1 große Holzperle
- ★ 1 m Zwirn (zum Aufziehen der Herzen und Perlen)
- ★ Nadel, Nähgarn, Schere

Arbeitsanleitung:

Schneide die Herzschablone 2x aus und nähe beide Teile von links aneinander. Lass eine Öffnung, um das Herz zu stülpen, fülle es prall mit Watte und nähe es mit wenigen Stichen mit der Hand zu. Nähe an den Nahtstellen mit der Hand eine farblich passende Kordel an. Ziehe die Herzen und Perlen entsprechend der Abbildung auf Zwirn auf. Unten befestige einige Kordelreste und oben ein Stück Kordel mit der großen Perle.

Vogelkette

Arbeitsanleitung:

Schneide die Vogelkörper je 4x aus und nähe jeweils zwei Teile von links aneinander. Vor dem Schließen der Naht wird der Körper gewendet und prall mit Watte gefüllt. Denke daran, die Schnäbel von links schon mit anzunähen, ebenso einige Wollfäden als Schwanzfedern des Vogels 2. Beim Vogel 1 entstehen die Schwanzfedern, indem du entlang der gestrichelten Linien in grobem Steppstich den Stoff (von rechts) zusammennähst. Glasperlen dienen als Augen. Ziehe die Vögel und Perlen entsprechend der Abbildung auf Zwirn auf. An den Enden befestige eine Kordel und Perlen.

Schnabel

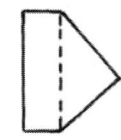

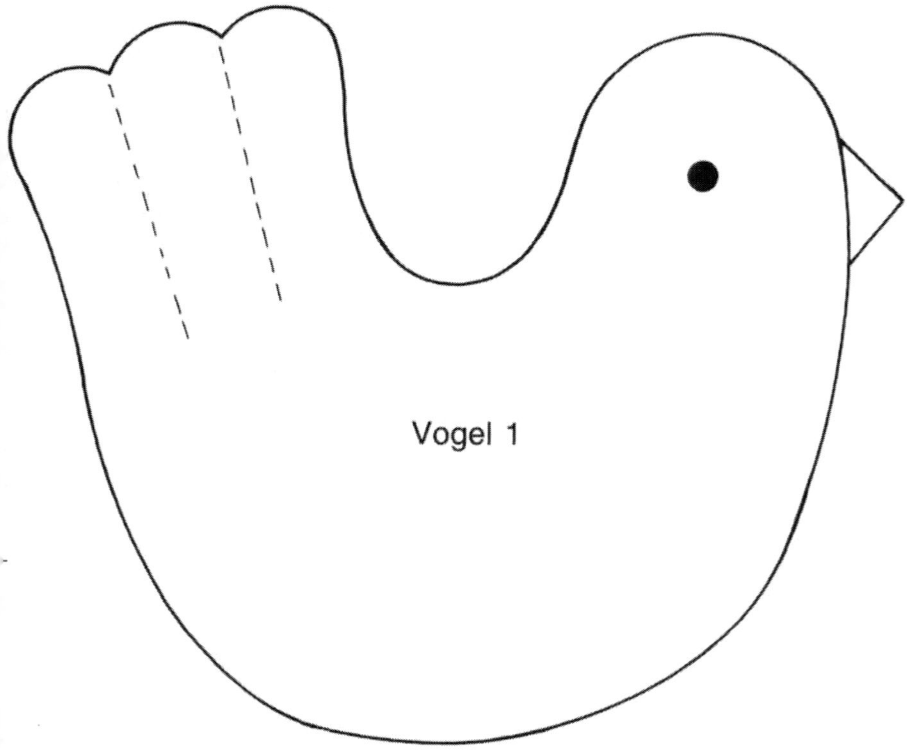

Vogel 1

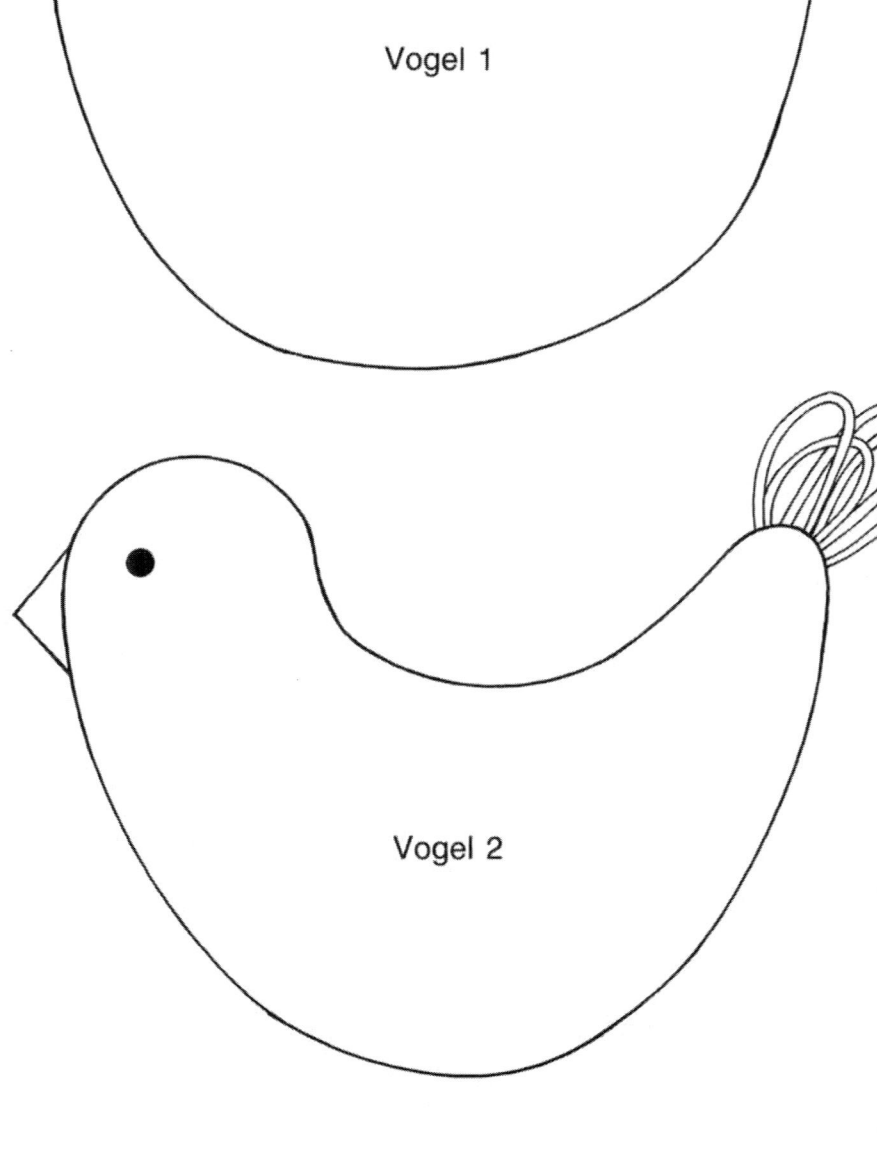

Vogel 2

Material:

- ★ Baumwollstoffreste (Trachtenstoff)
- ★ Füllwatte
- ★ Wollfäden (Schwanzfedern)
- ★ roter Filzrest (Schnäbel)
- ★ je 2 Glasperlen (Augen)
- ★ 17 mittelgroße Holzperlen
- ★ 1 große Holzperle
- ★ 1 m Zwirn (zum Aufziehen der Perlen und Vögel)
- ★ 60 cm Kordel (zum Aufhängen der Kette)
- ★ Nadel, Nähgarn, Schere

Vogelhochzeitskette (Teil 1) 25a

Material:
- ★ Baumwollstoffreste (Trachtenstoff)
- ★ Füllwatte
- ★ Wollfäden
- ★ rote Filzreste (Schnäbel)
- ★ 4 Glasperlen (Augen)
- ★ 12 große Holzperlen
- ★ 1 mittelgroße Holzperle
- ★ 1 m Zwirn (zum Aufziehen von Perlen, Vögeln und Herzen)
- ★ 50 cm Kordel (farblich zum Stoff passend)
- ★ Nadel, Nähgarn, Schere

Arbeitsanleitung:
Bei diesem Thema kommt es auf die Wahl der Stoffarbe an: Ein blaues Vogelmännchen und ein rotes Vogelweibchen halten Hochzeit. Verbunden werden beide durch ein blaues Herz (Zeichen der Treue), ein rotes Herz (Zeichen der Liebe) und ein grünes Herz (Zeichen der Hoffnung).
Schneide die Vogelkörper je 2x aus und nähe sie von links zusammen. Vor dem Schließen der Naht wird der Körper gewendet und prall mit Watte gefüllt. Denke daran, die Schnäbel von links schon mit anzunähen, ebenso einige Wollfäden als Schwanzfedern des Vogelweibchens. Beim Vogelmännchen entstehen die Schwanzfedern, indem du entlang der gestrichelten Linien in grobem Steppstich den Stoff (von rechts) zusammennähst. Glasperlen dienen als Augen.
Schneide das Herz 6x aus und nähe je 2 Teile von links aneinander. Vor dem Schließen der Naht werden die Herzen gewendet und prall mit Watte gefüllt.
Ziehe die Figuren und Perlen entsprechend der Abbildung auf Zwirn auf. An den Enden befestige eine Kordel und Perlen.

Bd. 71. Rosemarie Schmidt: Textiles Gestalten in der Sekundarstufe I
© Persen Verlag, Buxtehude

Vogelhochzeitskette (Teil 2) 25b

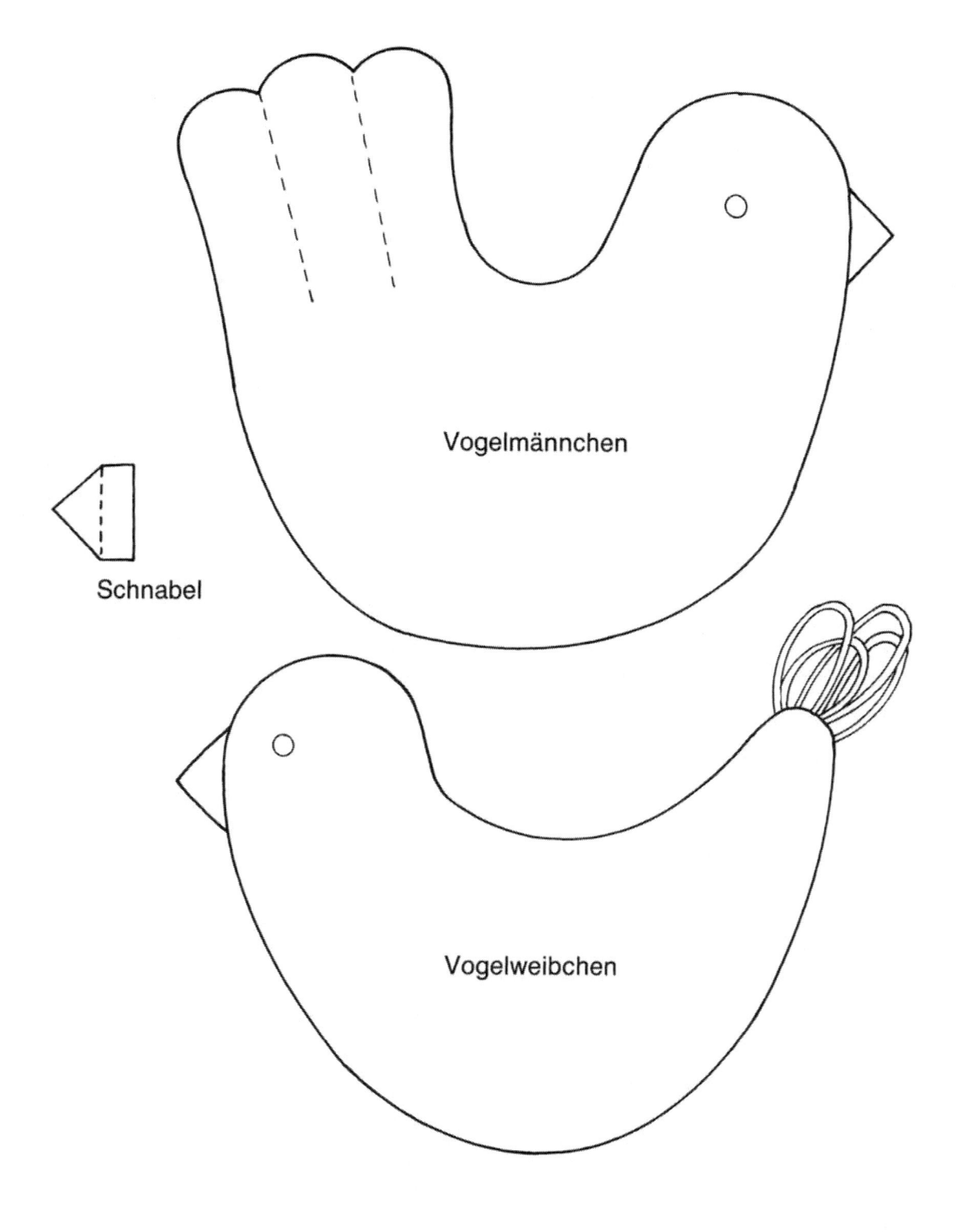

Schnabel

Vogelmännchen

Vogelweibchen

Bd. 71. Rosemarie Schmidt: Textiles Gestalten in der Sekundarstufe I
© Persen Verlag, Buxtehude

Plastische Figuren „Hahn, Huhn und Küken" (Teil 1)

Material:
- ★ Baumwollstoffreste (in Farbe und Muster aufeinander abgestimmt; der Hals hat eine andere Farbe als der Körper)
- ★ Filzreste (rot — Kamm, Kinnlappen)
- ★ Filzreste (rot, gelb — Schnäbel)
- ★ 2 Glasperlen pro Tier (schwarz — Augen)
- ★ Filz (rot, gelb, blau, grün — Schwanzfedern des Hahnes)
- ★ Wollfäden (Schwanzfedern des Huhnes)
- ★ Füllwatte
- ★ Nadel, Nähgarn, Schere

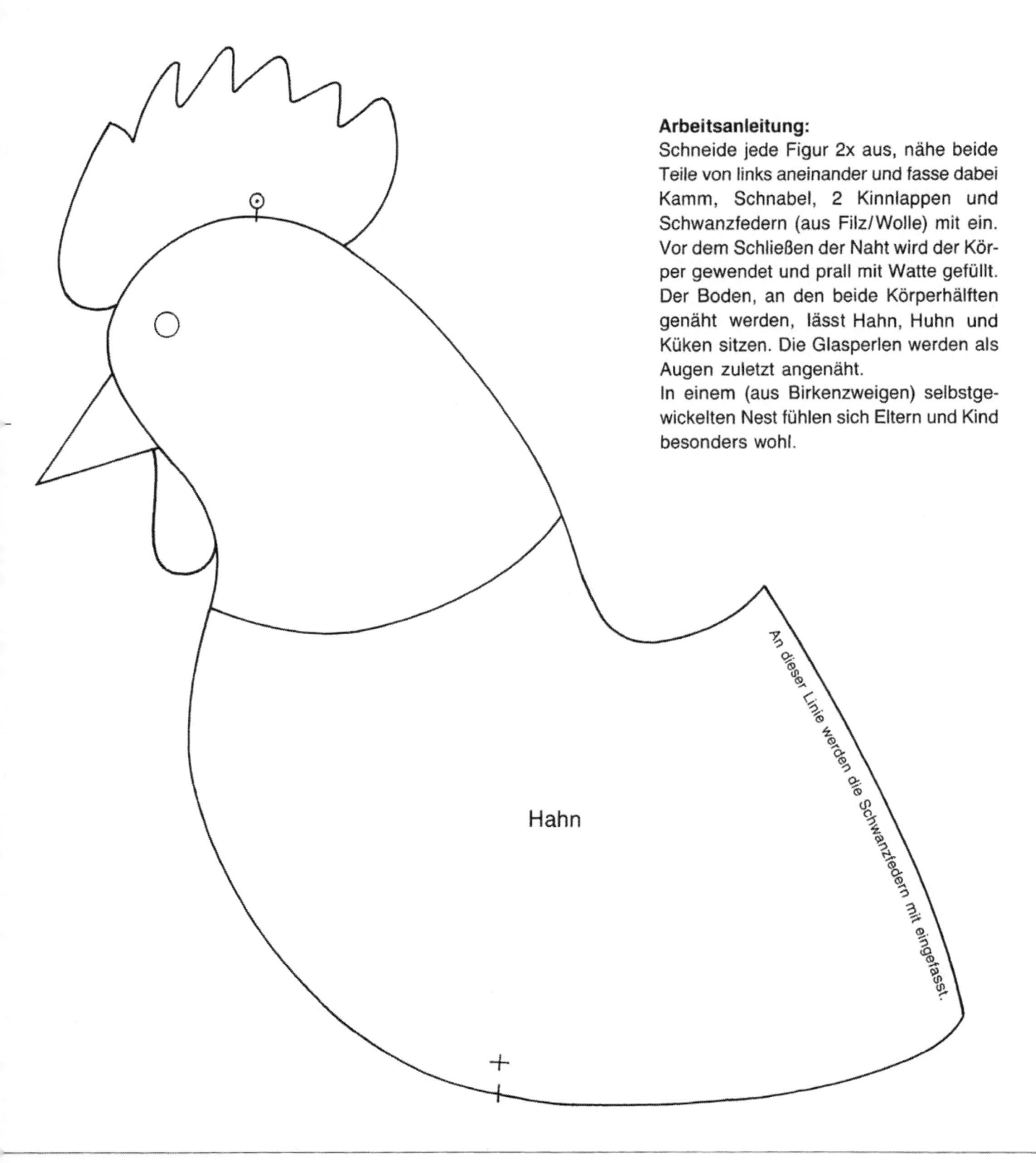

Arbeitsanleitung:
Schneide jede Figur 2x aus, nähe beide Teile von links aneinander und fasse dabei Kamm, Schnabel, 2 Kinnlappen und Schwanzfedern (aus Filz/Wolle) mit ein. Vor dem Schließen der Naht wird der Körper gewendet und prall mit Watte gefüllt. Der Boden, an den beide Körperhälften genäht werden, lässt Hahn, Huhn und Küken sitzen. Die Glasperlen werden als Augen zuletzt angenäht.

In einem (aus Birkenzweigen) selbstgewickelten Nest fühlen sich Eltern und Kind besonders wohl.

Hahn

An dieser Linie werden die Schwanzfedern mit eingefasst.

Bd. 71. Rosemarie Schmidt: Textiles Gestalten in der Sekundarstufe I
© Persen Verlag, Buxtehude

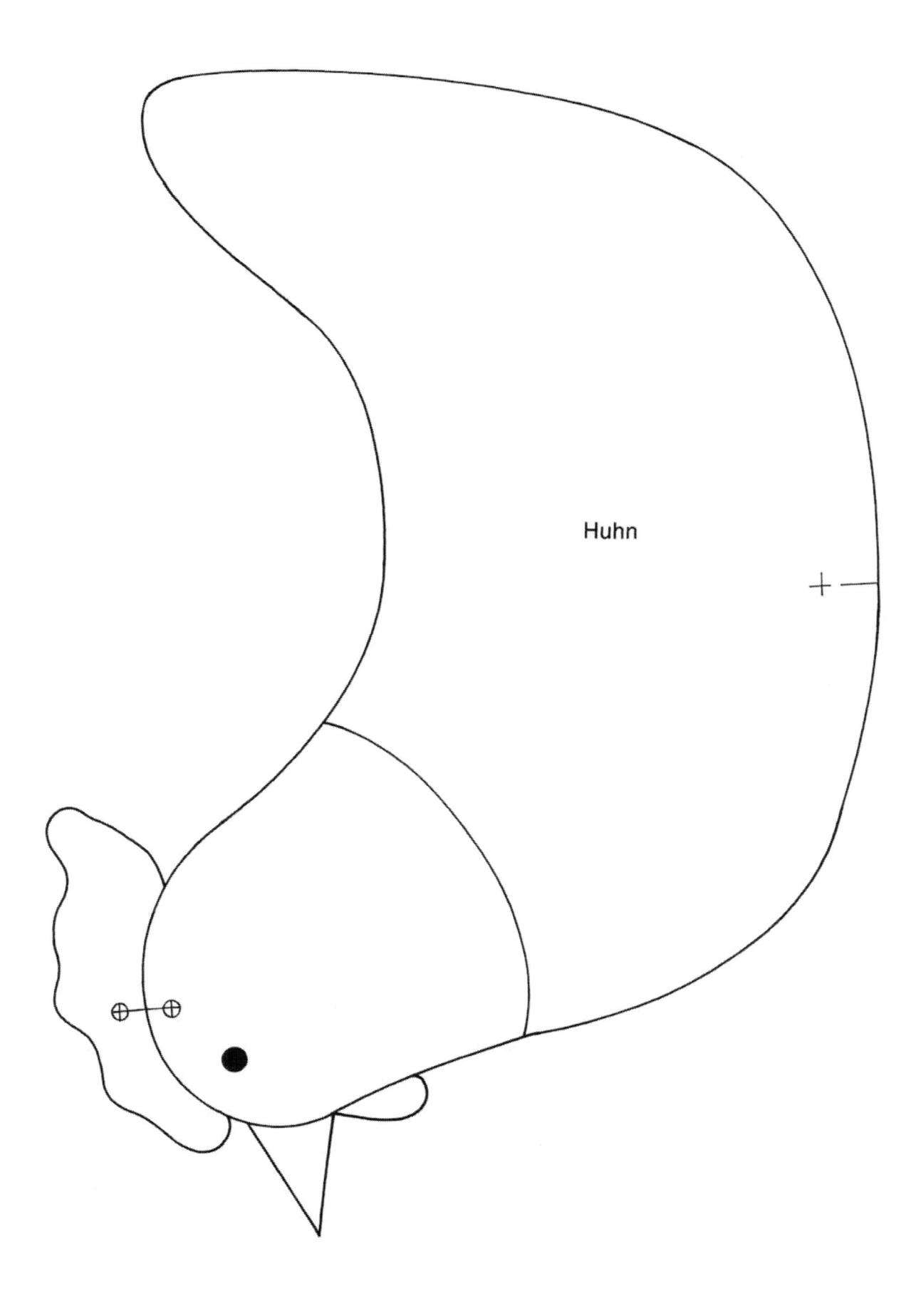

Plastische Figuren „Hahn, Huhn und Küken" (Teil 2) 26b

Huhn

Bd. 71. Rosemarie Schmidt: Textiles Gestalten in der Sekundarstufe I
© Persen Verlag, Buxtehude

Plastische Figuren „Hahn, Huhn und Küken" (Teil 3)

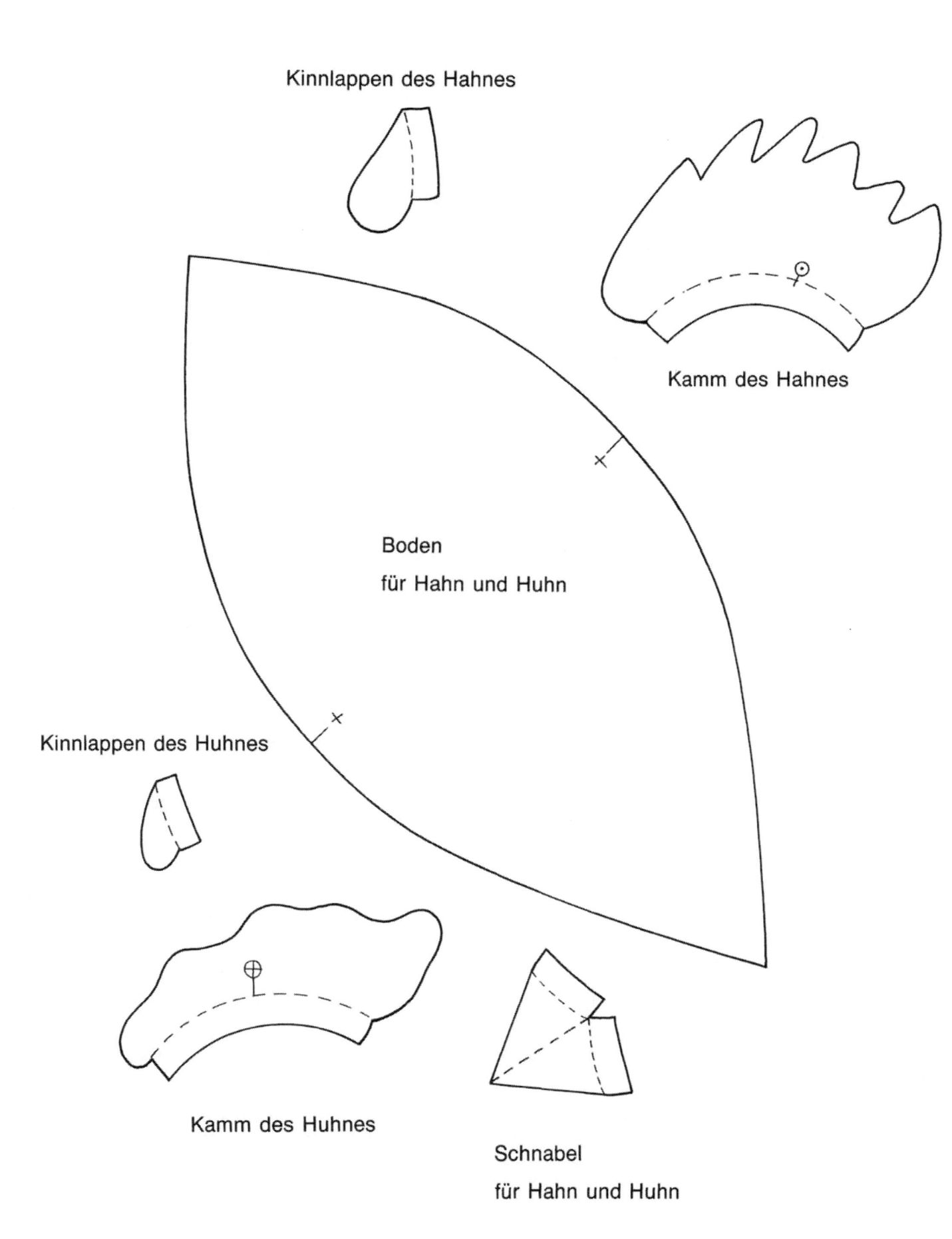

26c

Kinnlappen des Hahnes

Kamm des Hahnes

Boden für Hahn und Huhn

Kinnlappen des Huhnes

Kamm des Huhnes

Schnabel für Hahn und Huhn

Bd. 71. Rosemarie Schmidt: Textiles Gestalten in der Sekundarstufe I
© Persen Verlag, Buxtehude

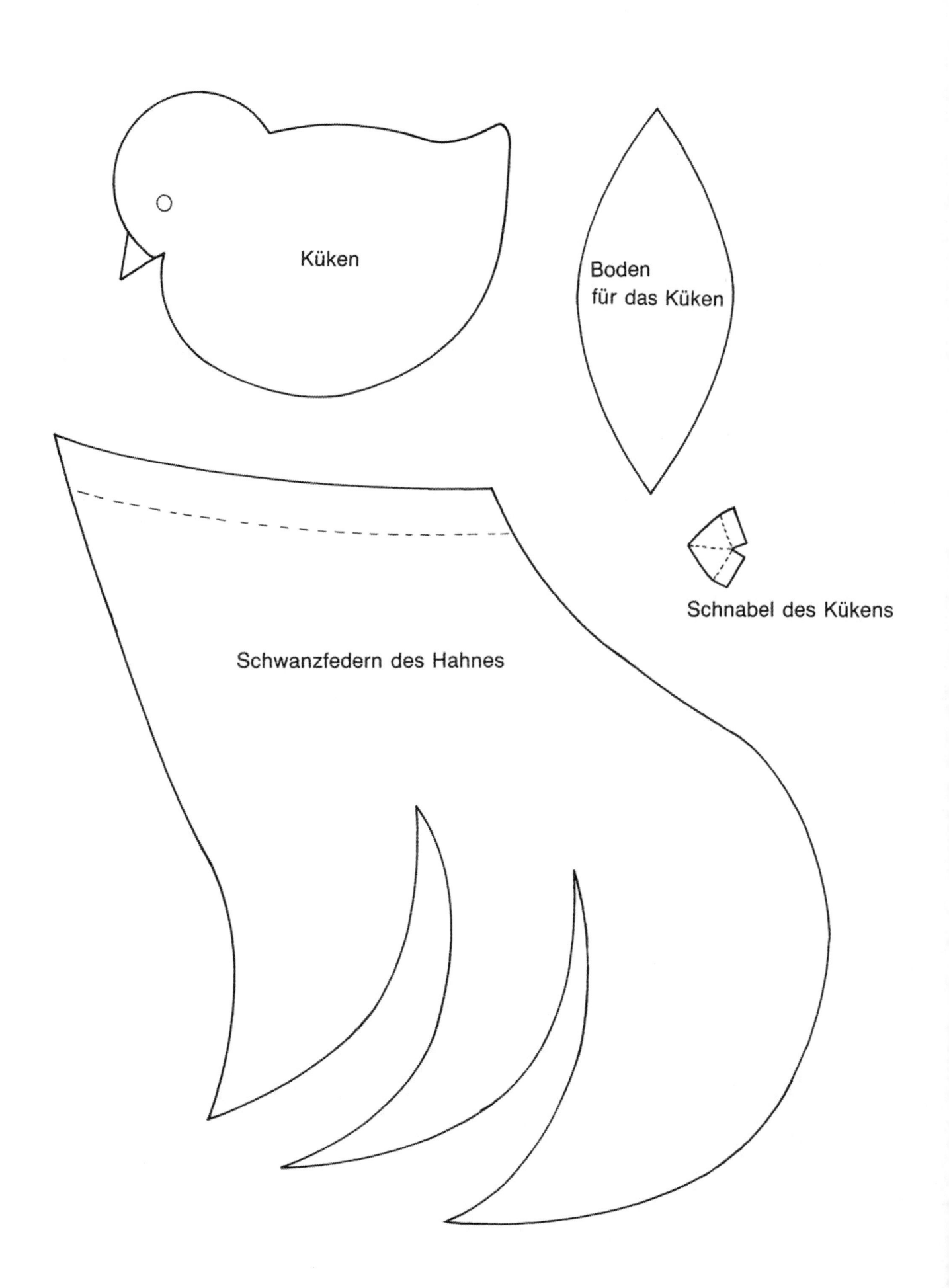

Plastische Figuren „Hahn, Huhn und Küken" (Teil 4) 26d

Küken

Boden für das Küken

Schnabel des Kükens

Schwanzfedern des Hahnes

T-Shirt-Applikation „Micki"

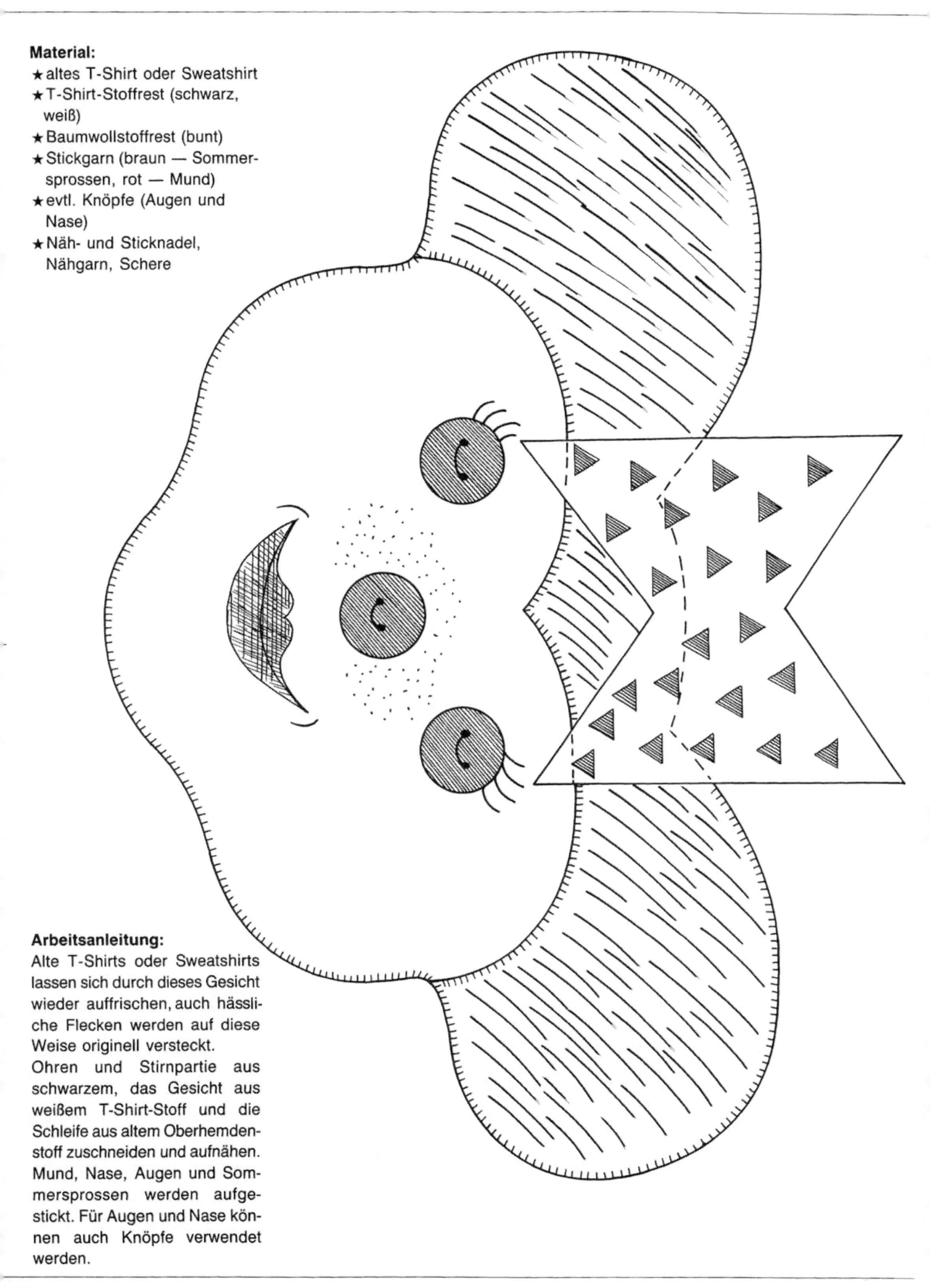

Material:
- ★ altes T-Shirt oder Sweatshirt
- ★ T-Shirt-Stoffrest (schwarz, weiß)
- ★ Baumwollstoffrest (bunt)
- ★ Stickgarn (braun — Sommersprossen, rot — Mund)
- ★ evtl. Knöpfe (Augen und Nase)
- ★ Näh- und Sticknadel, Nähgarn, Schere

Arbeitsanleitung:
Alte T-Shirts oder Sweatshirts lassen sich durch dieses Gesicht wieder auffrischen, auch hässliche Flecken werden auf diese Weise originell versteckt.
Ohren und Stirnpartie aus schwarzem, das Gesicht aus weißem T-Shirt-Stoff und die Schleife aus altem Oberhemdenstoff zuschneiden und aufnähen. Mund, Nase, Augen und Sommersprossen werden aufgestickt. Für Augen und Nase können auch Knöpfe verwendet werden.

Herzförmiges Stoffkissen

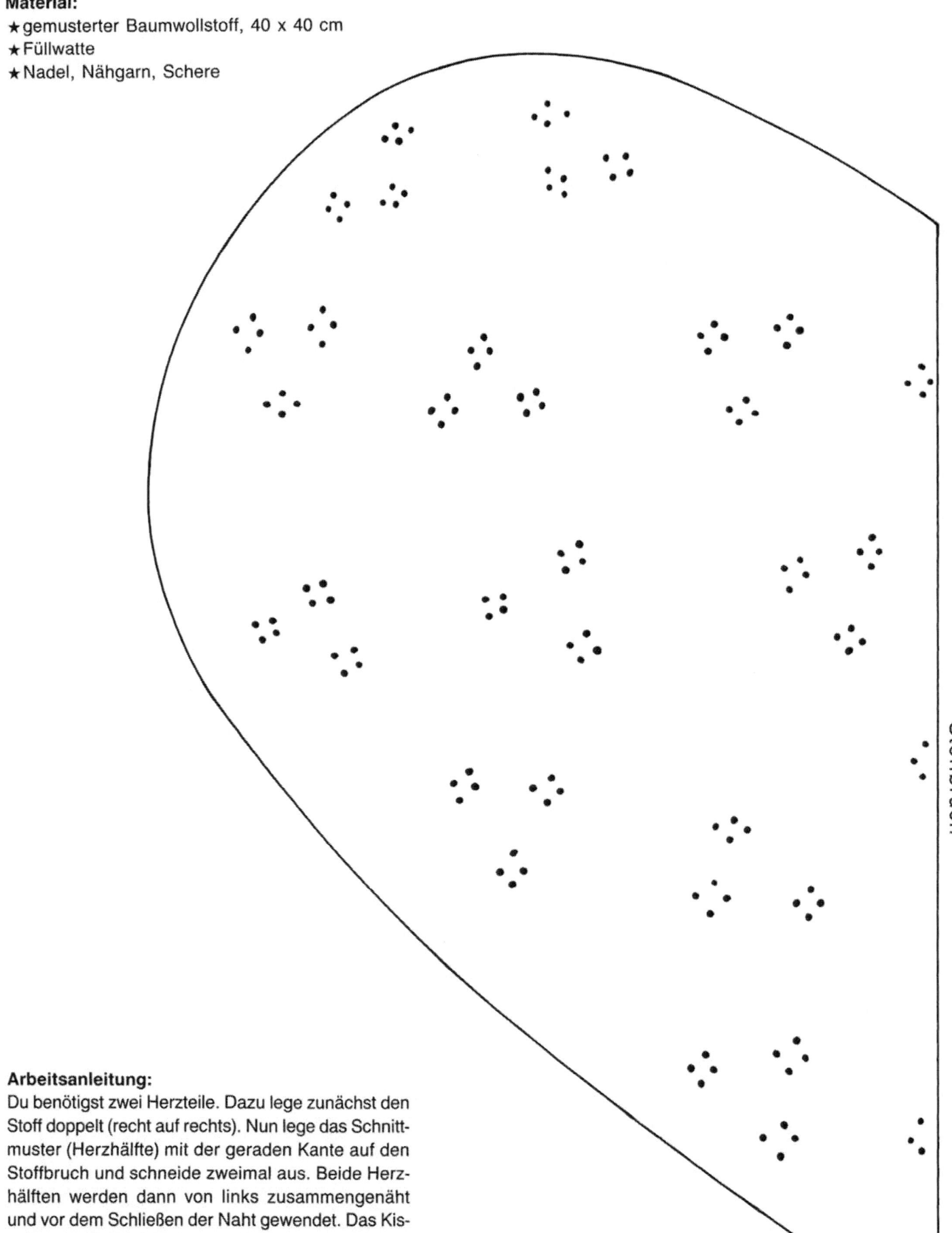

Material:
- gemusterter Baumwollstoff, 40 x 40 cm
- Füllwatte
- Nadel, Nähgarn, Schere

Stoffbruch

Arbeitsanleitung:
Du benötigst zwei Herzteile. Dazu lege zunächst den Stoff doppelt (recht auf rechts). Nun lege das Schnittmuster (Herzhälfte) mit der geraden Kante auf den Stoffbruch und schneide zweimal aus. Beide Herzhälften werden dann von links zusammengenäht und vor dem Schließen der Naht gewendet. Das Kissen wird mit Diolenwatte oder ähnlichem Material prall gefüllt. Es verträgt anschließend auch eine 30°-Wäsche in der Waschmaschine.

Patchworkkissen

Material:
- Baumwollstoffreste für 50 Quadrate, je 9 x 9 cm
- 1 Reißverschluss, 20 cm lang
- Nadel, Nähgarn, Schere

Arbeitsanleitung: Gebraucht werden insgesamt 50 kleine Quadrate (8 x 8 cm, ohne Nahtzugabe). Alle Quadrate werden aneinandergenäht, jeweils fünf pro Reihe. Die Patchworkarbeit wird zur Hälfte umgeklappt, die Seiten werden von links zusammengenäht und anschließend gestülpt. Der Kissenbezug kann mit einem Reißverschluss versehen werden. Besonders schön wirkt das Kissen, wenn die 50 Quadrate in Farbe und Muster aufeinander abgestimmt sind.

Quadrat mit Nahtzugabe

Adventskalender mit Ringen (Teil 1) 30a

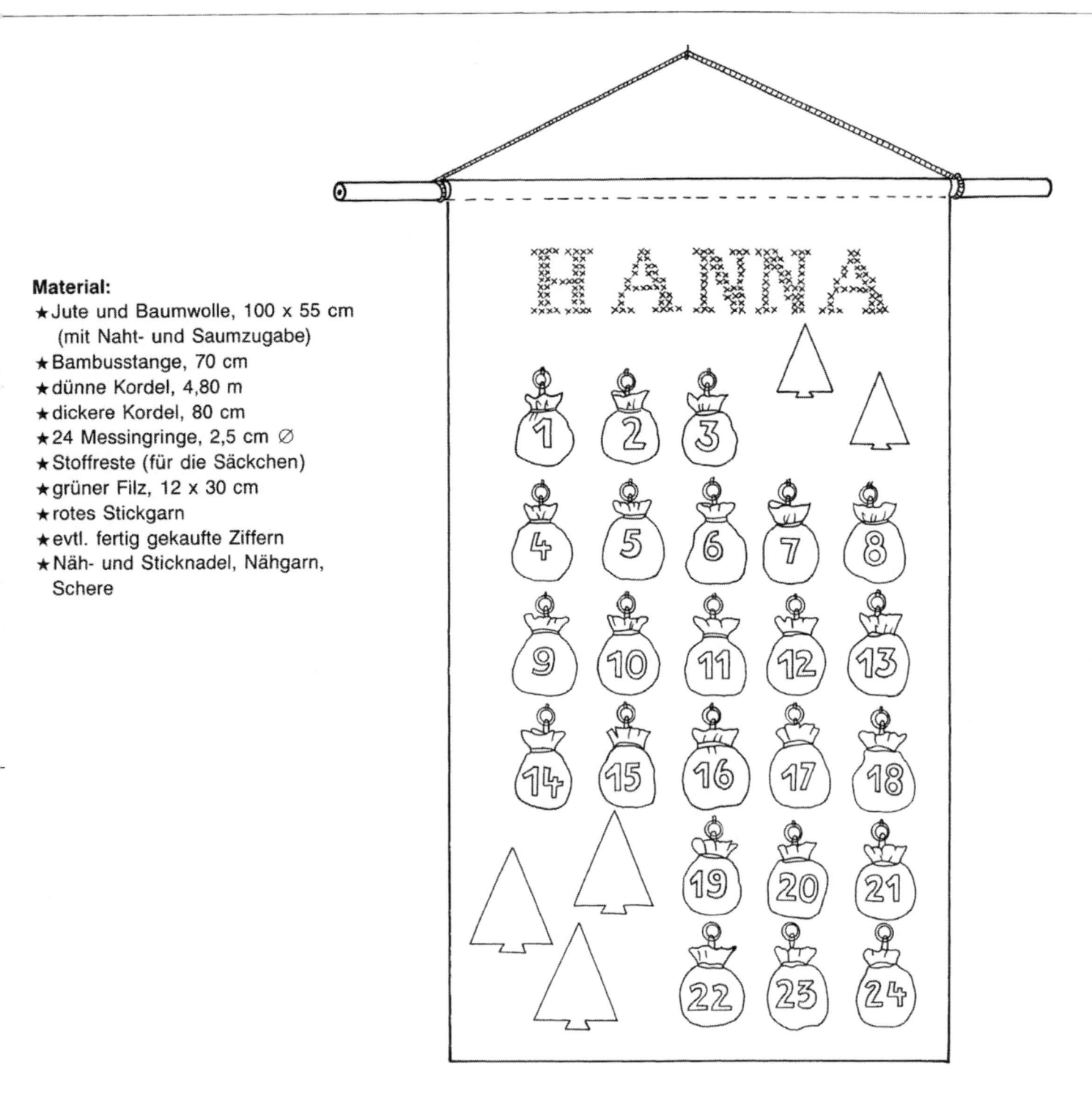

Material:
- ★ Jute und Baumwolle, 100 x 55 cm (mit Naht- und Saumzugabe)
- ★ Bambusstange, 70 cm
- ★ dünne Kordel, 4,80 m
- ★ dickere Kordel, 80 cm
- ★ 24 Messingringe, 2,5 cm ⌀
- ★ Stoffreste (für die Säckchen)
- ★ grüner Filz, 12 x 30 cm
- ★ rotes Stickgarn
- ★ evtl. fertig gekaufte Ziffern
- ★ Näh- und Sticknadel, Nähgarn, Schere

Arbeitsanleitung:
Jute- und Baumwollstoff werden von links aneinandergenäht. Oben muss ein 3 cm breiter Saum (an beiden Seiten offen) genäht werden, durch den später die Bambusstange geschoben wird. Zunächst werden die Zahlen von 1–24 aufgestickt. (Es können auch im Schreibwarenhandel gekaufte Ziffern aufgeklebt werden.) Mit Kreuzstich kann auch ein Name aufgestickt werden.
24 Messingringe werden auf die Jute genäht, ebenso die Tannenbäumchen aus grünem Filz. Die Säckchen werden aus rotem Filz 2x zugeschnitten. Beim Aneinandernähen wird eine Kordel in die Naht mit eingefasst. Die fertigen Säckchen werden an die Messingringe gehängt. Der Jutekalender wird an der Bambusstange befestigt und an einer Kordel aufgehängt.

☞ Beispiele für Zahlen und Buchstaben in Kreuz- und Stielstich sind auf den Arbeitsblättern 39 — 41 zu finden.

Adventskalender mit Ringen (Teil 2)

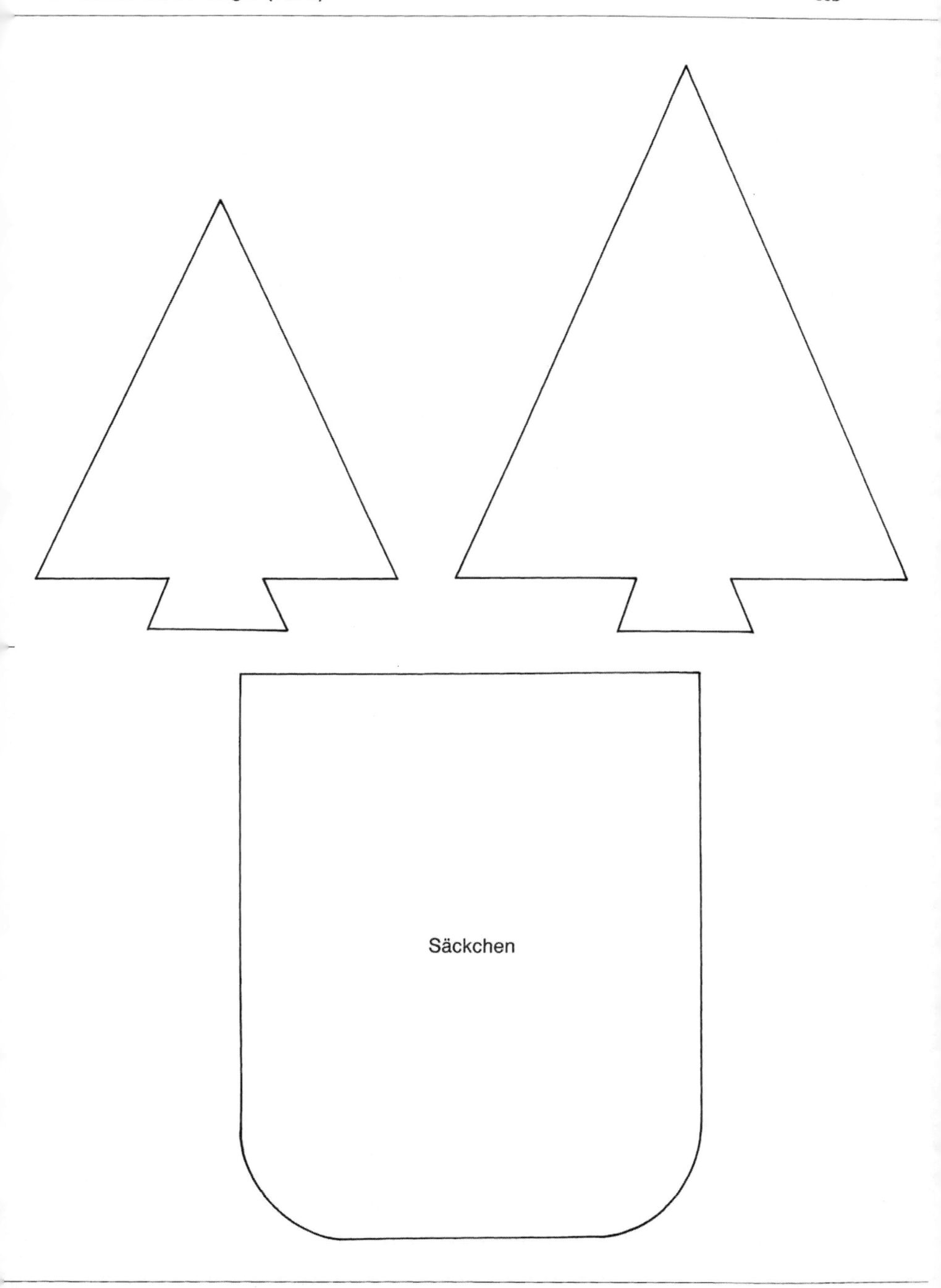

Säckchen

Adventskalender mit Taschen (Teil 1)

Material:
- roter Halbleinen, 128 x 67 cm (mit Naht- und Saumzugabe)
- Bambusstange, 45 cm
- Kordel, 55 cm
- Baumwollstoffreste
- Filzreste
- Ziffern oder Sticktwist
- Näh- und Sticknadel, Nähgarn, Schere
- Nähmaschine

Arbeitsanleitung: Zunächst müssen die beiden langen Seiten des Stoffes mit einem 1 cm breiten Saum versehen werden. Dann werden sie rechts und links so nach innen genäht, dass für jeden Tag eine 13 x 10 cm große „Tasche" entsteht. Auf jeder Seite entstehen so — mit der Maschine genäht — 12 Taschen.

Oben muss ein Saum (3 cm breit) — an beiden Seiten offen — genäht werden, damit eine Bambusstange durchgeschoben werden kann. Die untere Stoffkante bekommt ebenfalls einen 1 cm breiten Saum. Verziert wird der 1., der 3., der 5. Tag usw. mit Filz- bzw. Stoffapplikationen, die auf die jeweilige Tasche aufgenäht werden. Die Ziffern für die einzelnen Tage können aufgestickt oder aufgeklebt (im Schreibwarenhandel zu kaufen) werden.

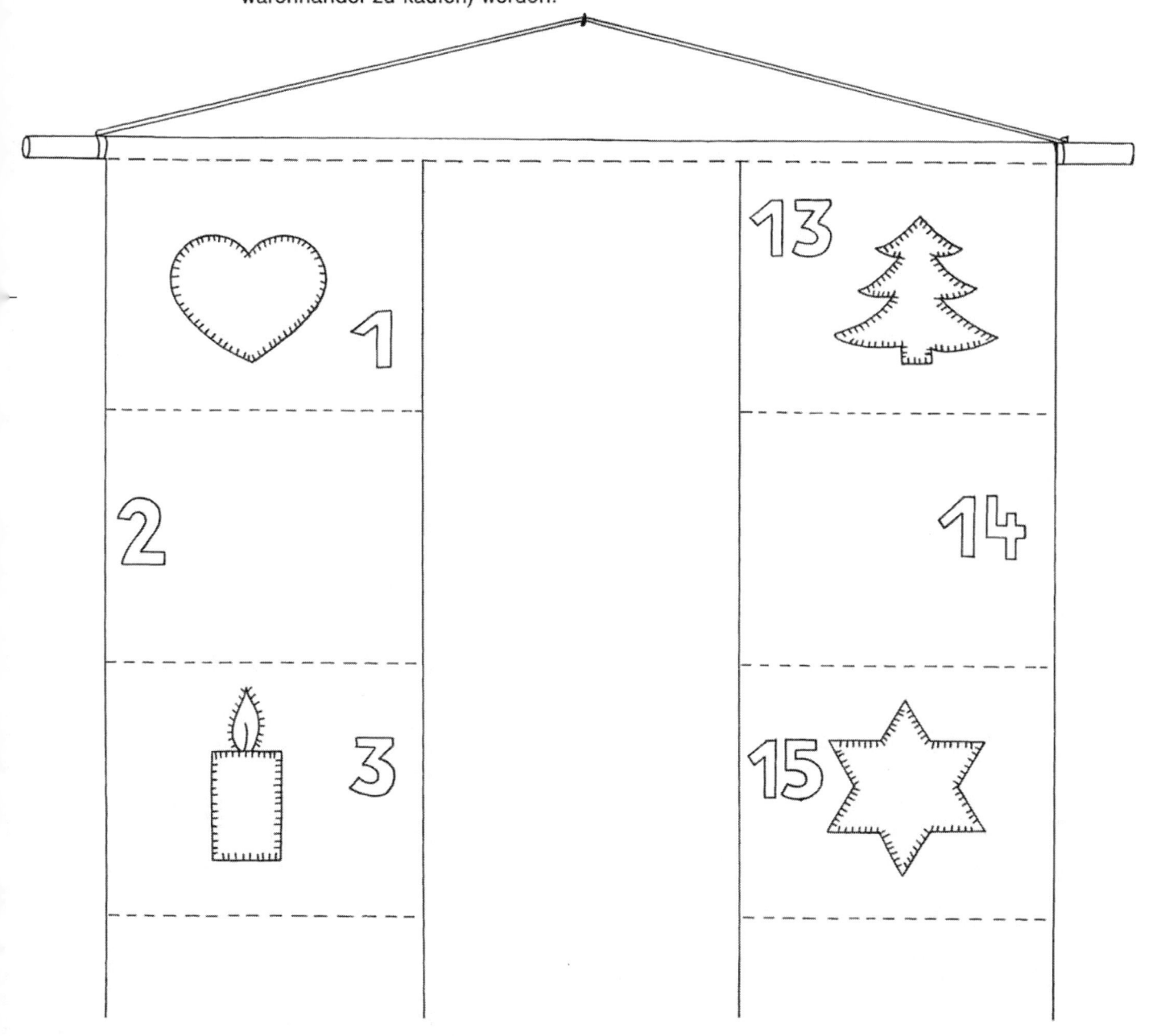

☞ Beispiele für Zahlen und Buchstaben in Kreuz- bzw. Stielstich sind auf den Arbeitsblättern 39 — 41 zu finden.

Adventskalender mit Taschen (Teil 2) 31b

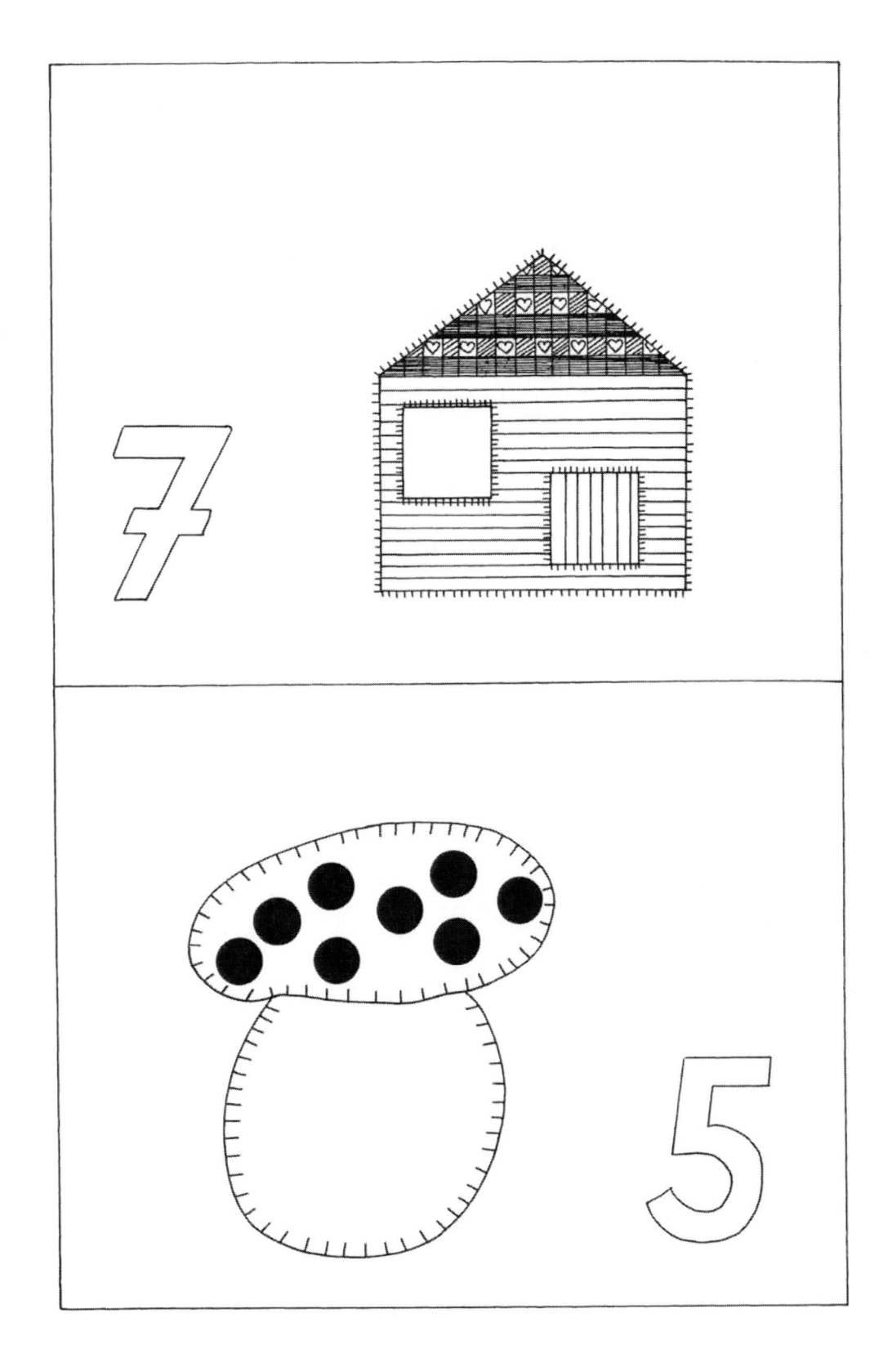

Bd. 71. Rosemarie Schmidt: Textiles Gestalten in der Sekundarstufe I
© Persen Verlag, Buxtehude

T-Shirt-Applikation „Schlange"

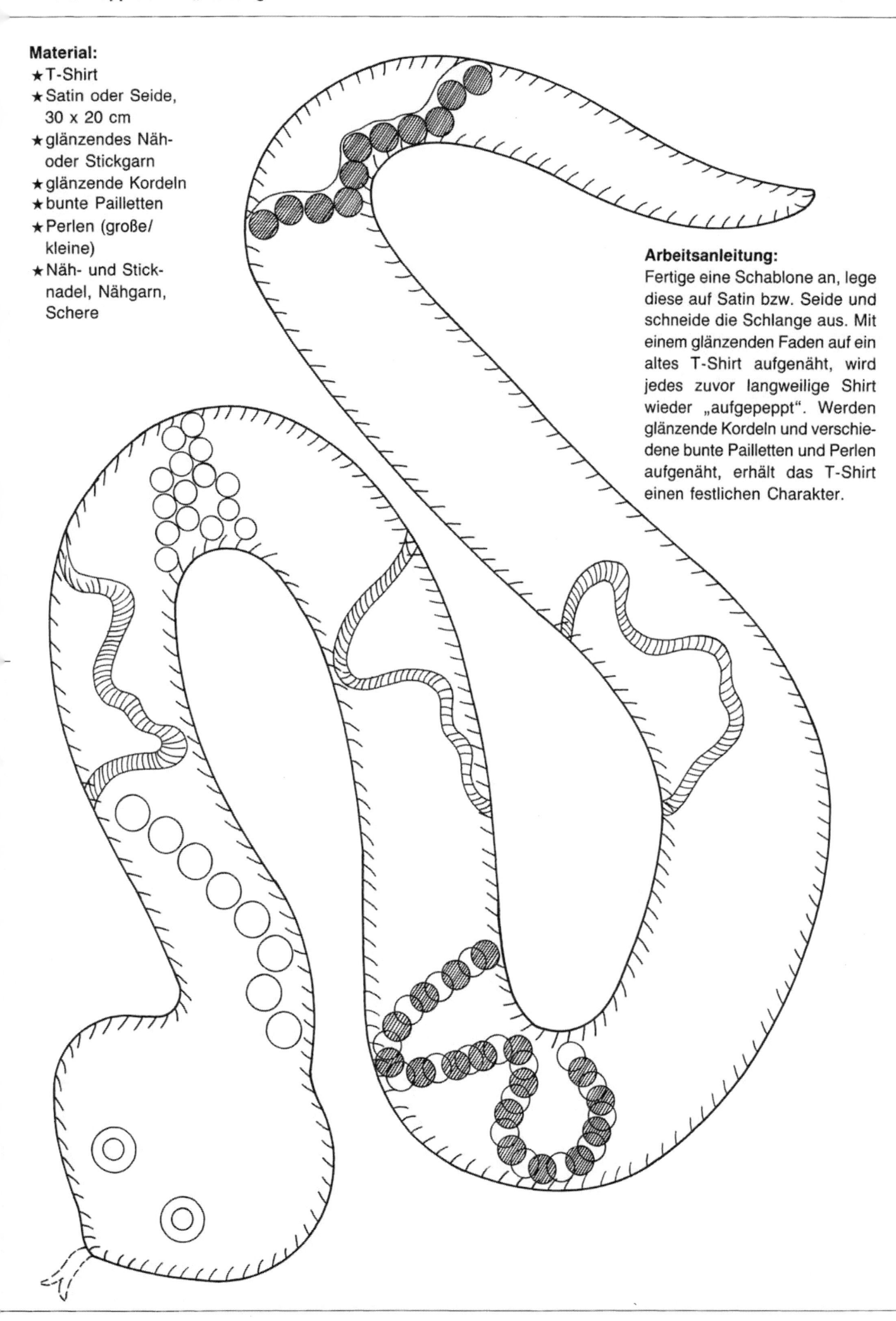

Material:
- ★ T-Shirt
- ★ Satin oder Seide, 30 x 20 cm
- ★ glänzendes Näh- oder Stickgarn
- ★ glänzende Kordeln
- ★ bunte Pailletten
- ★ Perlen (große/kleine)
- ★ Näh- und Sticknadel, Nähgarn, Schere

Arbeitsanleitung:
Fertige eine Schablone an, lege diese auf Satin bzw. Seide und schneide die Schlange aus. Mit einem glänzenden Faden auf ein altes T-Shirt aufgenäht, wird jedes zuvor langweilige Shirt wieder „aufgepeppt". Werden glänzende Kordeln und verschiedene bunte Pailletten und Perlen aufgenäht, erhält das T-Shirt einen festlichen Charakter.

Bd. 71. Rosemarie Schmidt: Textiles Gestalten in der Sekundarstufe I
© Persen Verlag, Buxtehude

Stoffbeutel

Arbeitsanleitung: Lege den Stoff doppelt und schneide entsprechend der Schablone eine Hälfte des Beutels aus. Diesen Arbeitsvorgang wiederholst du. Nähe zunächst beide Stoffteile zusammen. Versieh anschließend die Beutelöffnung mit einem 5 cm breiten Saum und steppe entlang der gestrichelten Linien. Schneide eine kleine Öffnung in den so entstandenen Tunnel und umsäume sie. Auf diese Weise lässt sich durch den Beutel eine kleine Kordel ziehen und der Beutel kann später zugebunden werden.

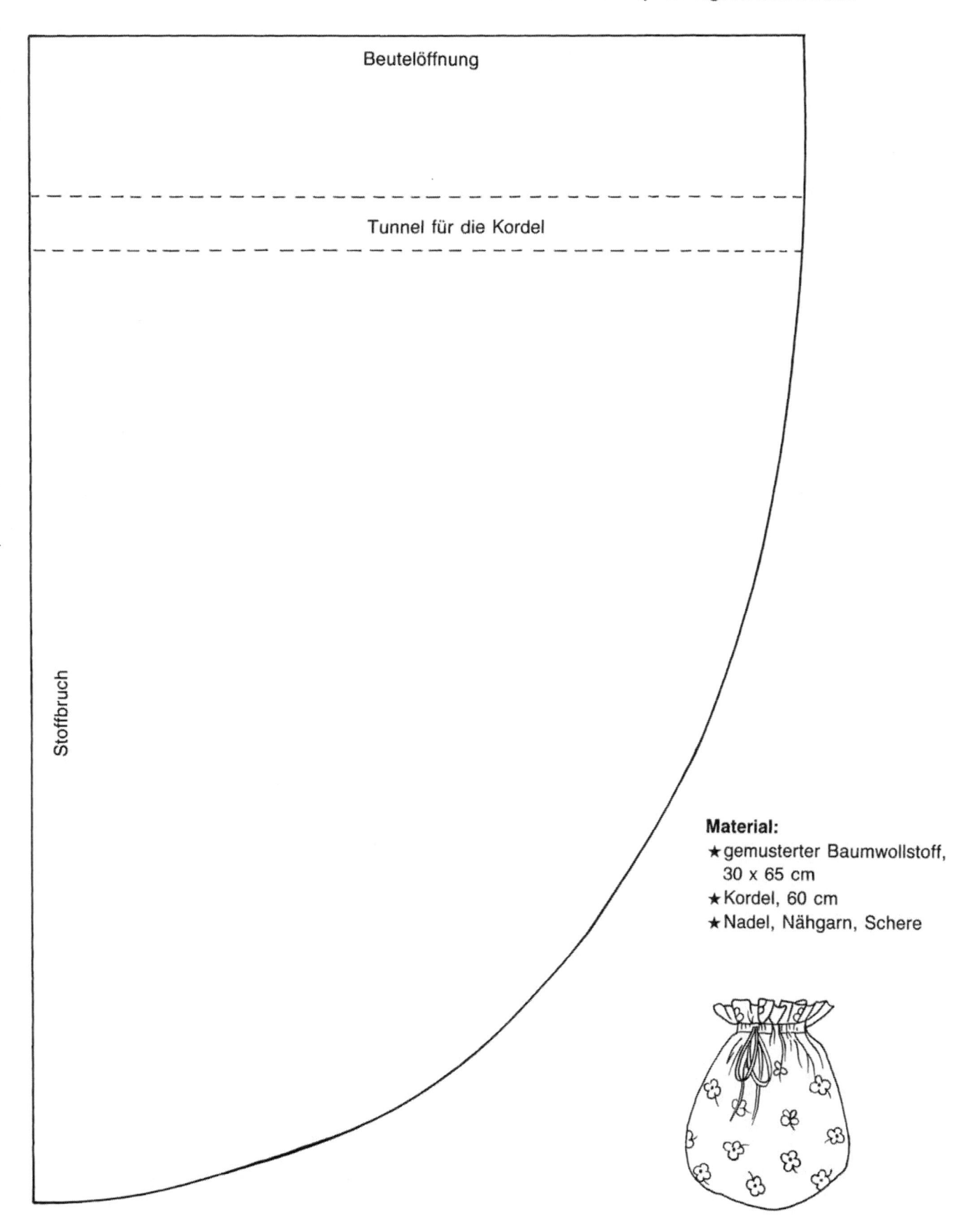

Beutelöffnung

Tunnel für die Kordel

Stoffbruch

Material:
- gemusterter Baumwollstoff, 30 x 65 cm
- Kordel, 60 cm
- Nadel, Nähgarn, Schere

Stoffbild „Frühling"

Material: ★ Nesselstoff, 25 x 25 cm ★ Taft (hellblau) ★ Seidenstoffreste in Pastelltönen (einfarbig) ★ klein gemusterte Seiden- oder Baumwollstoffreste ★ kleine pastellfarbene Perlen ★ Pailletten ★ Metallfäden ★ Nadel, Nähgarn, Schere ★ Holzrahmen, 19 x 19 cm

Arbeitsanleitung:
Beim Aufeinandernähen von Stoffen arbeitet man immer von der untersten zur obersten Stofflage, vom Hintergrund zum Vordergrund. Die gezeichnete Landschaft paust du ab und zerschneidest die Pause als Schnittmuster für die einzelnen Stoffe. Nähte brauchst du nicht zuzugeben. Die einzelnen Stoffteile werden nacheinander auf den Nesselstoff genäht. Setze dabei das Motiv mit 3 cm Abstand vom Rand auf den Nesselstoff.

Aus hellblauem Taft lässt sich der Himmel sehr gut darstellen. Bäume, Sträucher oder Blumen nähst du mit der Hand auf. Perlen, Pailletten, Metallfäden eignen sich besonders, um z.B. Bäume oder Blumen darzustellen.

Das fertige Stoffbild kann nun auf den Holzrahmen gezogen werden.

Stoffbild „Sommer"

Material: ★ Nesselstoff, 25 x 25 cm ★ Moiré- und Frotteereste ★ Velourlederreste ★ kleine bunte Glasperlen ★ Stickgarn (grün, braun, rot, blau, gelb) ★ Näh- und Sticknadel, Nähgarn, Schere ★ Holzrahmen, 19 x 19 cm

Arbeitsanleitung:
Beim Aufeinandernähen von Stoffen arbeitet man immer von der untersten zur obersten Stofflage, vom Hintergrund zum Vordergrund. Die gezeichnete Landschaft paust du ab und zerschneidest die Pause als Schnittmuster für die einzelnen Stoffe. Nähte brauchst du nicht zuzugeben. Die einzelnen Stoffteile werden nacheinander auf den Nesselstoff genäht. Setze dabei das Motiv mit 3 cm Abstand vom Rand auf den Nesselstoff.

Bei der Sommerlandschaft lassen sich gut blauer Moiré (glänzender Stoff mit Wellencharakter) für das Wasser und verschieden starke Frotteestoffe verarbeiten, um den Sandcharakter darzustellen. Auch ganz weiches Velourleder lässt sich gut in diese Arbeit einbeziehen. Kleine, eingestickte, farbige Glasperlen stellen Menschen dar, die sich im Wasser tummeln oder am Strand sonnen. Die Sonnenschirme, Vögel und Palmen sollten aufgestickt werden.

Das fertige Stoffbild kann nun auf den Holzrahmen gezogen werden.

Stoffbild „Herbst"

Material: ★ Nesselstoff, 25 x 25 cm ★ Reste von Pelz, Samt, Teppichboden, Fell (in Rot-, Brauntönen) ★ klein gemusterte Baumwollstoffreste (Bäume) ★ Stickgarn (Baumstämme) ★ glutroter Satinstoffrest (Sonne) ★ Näh- und Sticknadel, Nähgarn, Schere ★ Holzrahmen, 19 x 19 cm

Arbeitsanleitung:
Beim Aufeinandernähen von Stoffen arbeitet man immer von der untersten zur obersten Stofflage, vom Hintergrund zum Vordergrund. Die gezeichnete Landschaft paust du ab und zerschneidest die Pause als Schnittmuster für die einzelnen Stoffe. Nähte brauchst du nicht zuzugeben. Die einzelnen Stoffteile werden nacheinander auf den Nesselstoff genäht. Setze dabei das Motiv mit 3 cm Abstand vom Rand auf den Nesselstoff.

Mit den angegebenen Resten kannst du recht gut den Herbstcharakter einer Landschaft darstellen. Die Felder sind abgeerntet, was übrig bleibt, ist der karge Boden, das vertrocknete Gras am Wegrand. Das fertige Stoffbild kann nun auf den Holzrahmen gezogen werden.

Stoffbild „Winter"

Material: ★ Nesselstoff, 25 x 25 cm ★ Reste von Seide, Satin, Brokat, Pünktchendamast ★ Silberfäden ★ silberne und weiße Sterne, Perlen und Pailletten (Sternenhimmel) ★ Nähgarn, Nadel, Schere ★ Holzrahmen, 19 x 19 cm

Arbeitsanleitung:
Beim Aufeinandernähen von Stoffen arbeitet man immer von der untersten zur obersten Stofflage, vom Hintergrund zum Vordergrund. Die gezeichnete Landschaft paust du ab und zerschneidest die Pause als Schnittmuster für die einzelnen Stoffe. Nähte brauchst du nicht zuzugeben. Die einzelnen Stoffteile werden nacheinander auf den Nesselstoff genäht. Setze dabei das Motiv mit 3 cm Abstand vom Rand auf den Nesselstoff.

Seide, Satin, Brokat (in silber oder weiß) und Pünktchendamast eignen sich besonders, um eine verschneite Landschaft darzustellen. Silberfäden, Sternchen, Perlen und Pailletten, alles in weiß und silber gehalten, verzaubern dein Bild in eine echte Winterlandschaft, in der Frost und Eis sich die Hände reichen.

Das fertige Stoffbild kann nun auf den Holzrahmen gezogen werden.

Patchwork-Tagesdecke (ca. 2,10 x 1,50 m)   38a

Material: ★ 88 Quadrate aus Baumwollstoff, 21 x 21 cm (mit Nahtzugabe) ★ Baumwoll- oder Leinenstoff, 2,15 x 1,60 m ★ Nadel, Nähgarn, Schere ★ Heftgarn ★ Nähmaschine

Arbeitsanleitung: Für dieses Prachtstück brauchst du in Farbe und Muster aufeinander abgestimmte 21 x 21cm große Baumwollstoffquadrate. Zunächst können einige der Quadrate mit den hier aufgeführten Applikationsmotiven per Hand oder mit der Maschine versehen werden. Die Größe dieser Motive entspricht der endgültigen Größe der einzelnen Quadrate der Decke (19 x 19 cm).

Hefte und nähe jeweils 11 Quadrate zu einer Reihe aneinander. Die entstandenen 8 Reihen werden nun wiederum zu einem Rechteck aneinandergeheftet und mit der Nähmaschine zusammengenäht. Unterlegt wird die Tagesdecke mit einem entsprechend großen Baumwoll- oder Leinenmaterial.

Patchwork-Einzelmotiv „Schiff"

Material: ★ Baumwollstoffreste (in Farbe und Muster aufeinander abgestimmt)
★ Stickgarn (evt. für Mast, Fische)
★ Näh- und Sticknadel, Nähgarn, Schere

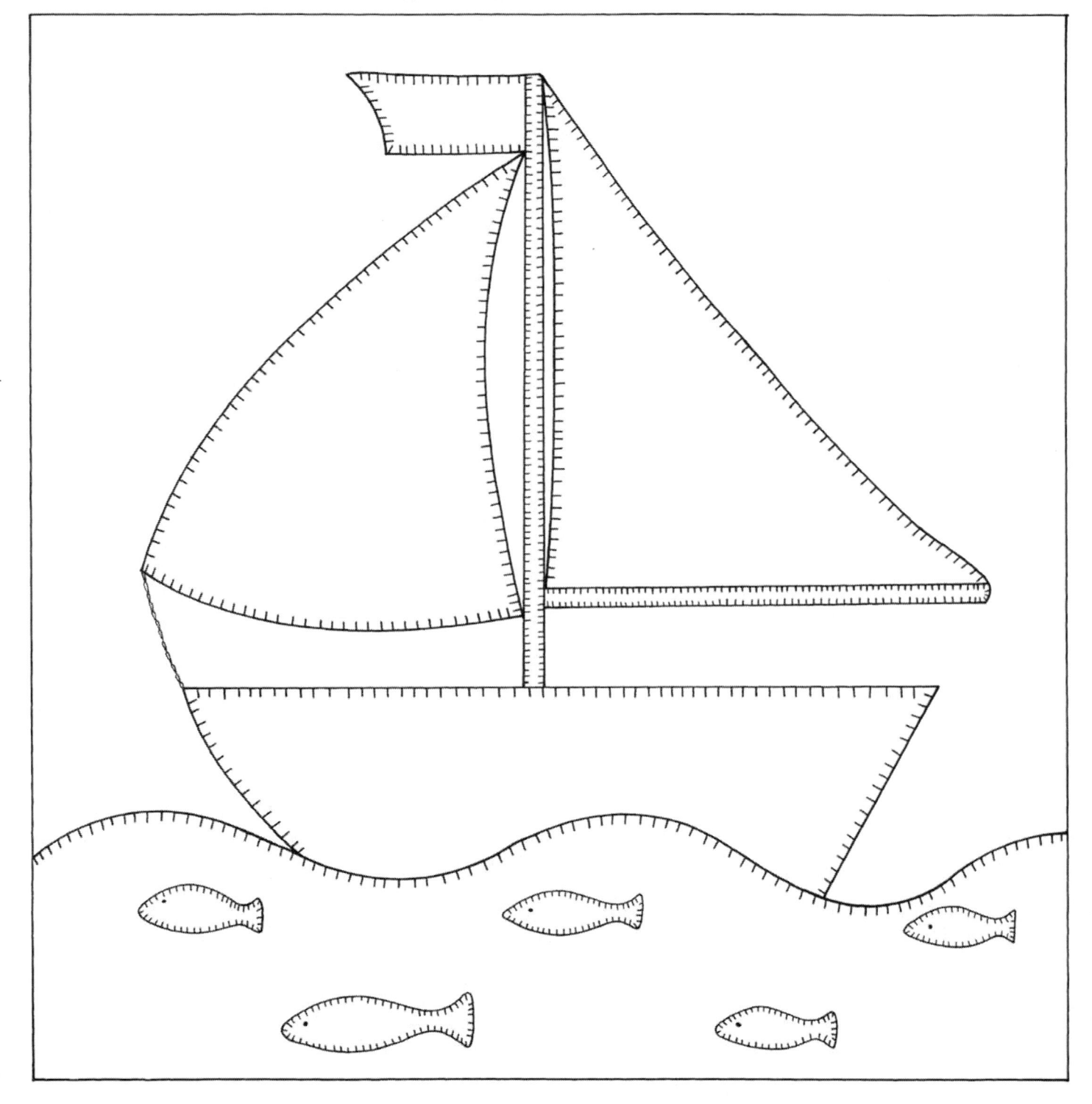

☞ evt. können hier Motive anderer Arbeitsblätter ebenfalls verwendet werden.

Bd. 71. Rosemarie Schmidt: Textiles Gestalten in der Sekundarstufe I
© Persen Verlag, Buxtehude

Patchwork-Einzelmotiv „Auto" 38b

Material:
- ★ Baumwollstoffreste (geblümt und uni)
- ★ 2 Knöpfe
- ★ Stickgarn (Mund der Sonne)
- ★ Näh- und Sticknadel, Nähgarn, Schere

Patchwork-Einzelmotiv „Drachen" 38c

Material:
- ★ Baumwollstoffrest (Drachen)
- ★ Baumwollstoffrest (weiß — Wolken)
- ★ Filzreste (Augen, Nase, Mund)
- ★ klein gemusterte Baumwollstoffreste (Schwanzschleifen)
- ★ Kordel, 20 cm
- ★ Nadel, Nähgarn, Schere

Patchwork-Einzelmotiv „Schneemann" 38d

Material:
- ★ Das Quadrat sollte aus Sternchenbaumwollstoff sein.
- ★ Baumwollstoff (weiß — Schneemann und Schneehügel)
- ★ Filzrest (schwarz — Hut)
- ★ Filzrest (rot — Nase)
- ★ Filzrest (braun — Besen)
- ★ Stickgarn (Mund)
- ★ 7 kleine schwarze Knöpfe
- ★ Nadel, Nähgarn, Schere

Patchwork-Einzelmotiv „Kerzen" 38e

Material:
- ★ Baumwollstoffrest (einfarbig — Kerzen)
- ★ Baumwollstoffreste (orange und gelb — Flammen)
- ★ Sternchenpailletten
- ★ Näh- und Sticknadel, Nähgarn, Schere

Patchwork-Einzelmotiv „Vogelbaum"

Material:
- ★ Baumwollstoffreste (3 verschiedene Grüntöne — Baum)
- ★ Baumwollstoffreste (klein gemustert — Vögel)
- ★ Filzrest (braun — Baumstamm)
- ★ 2 kleine Perlen (Vogelaugen)
- ★ Nadel, Nähgarn, Schere

Serviettentasche

Material: ★ Baumwoll- oder Halbleinenstoff, 20 x 30 cm ★ 2 Druckknöpfe ★ Stickgarn ★ Näh- und Sticknadel, Nähgarn, Schere ★ Nähmaschine

Arbeitsanleitung: Versäubere die Stoffränder mit dem Zickzackstich der Nähmaschine. Umsäume die untere schmale Stoffseite. Nähe dann das untere Drittel mit dem mittleren Drittel des Stoffes von links zusammen. Denke an die Taschenöffnung! Das obere Taschendrittel wird umsäumt (5 mm Saumnaht).
Du kannst, entsprechend gefüttert, die Tasche auch als kleine Handtasche benutzen. Bestickt mit einem Monogramm wird die Tasche/Serviettentasche zu einem persönlichen Geschenk.

fertige Serviettentasche (verkleinert)

ABCDEF
GHIJKLM
NOPQRST
UVWXYZ

☞ Beispiele für Zahlen und Buchstaben in Kreuzstich sind auf den Arbeitsblättern 40 und 41 zu finden.

Kreuzstich-Alphabet in Schreibschrift

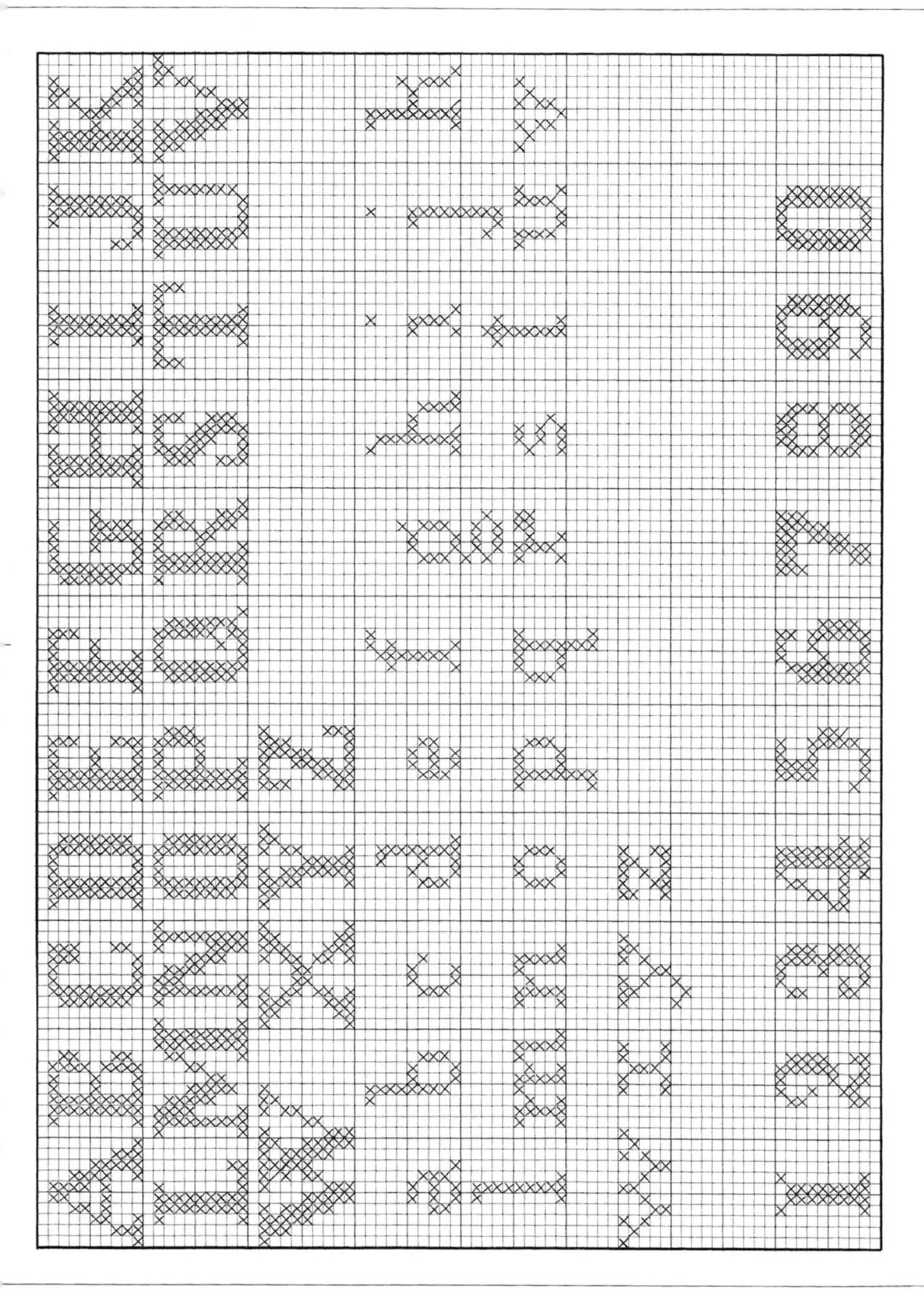

Kreuzstich-Alphabet und -Zahlen in Druckschrift